UN NOËL PRESQUE PARFAIT

Ma belle Victoire,
Que cette lecture jumelée
avec le soleil et la plage
t'apporte des moments
délicieux !

-ta maman qui
t'aime xxo
Julie

Sabrina

l'apprentie sorcière

Un Noël presque parfait

Cathy East Dubowski

Traduit et adapté de l'américain
par Shaïne Cassim

POCKET
jeunesse

Titre original :
Santa's Little Helper

Publié pour la première fois en 1997
par Pocket Books, États-Unis.

Loi n° 49 956 du 16 juillet 1949 sur les publications destinées à la jeunesse : octobre 2000

ISBN : 2-266-10611-2

Tu as envie de lire des romans drôles, pétillants, irrésistibles ?

Abracadabra !

La série

Sabrina

l'apprentie sorcière

est faite pour toi !

Joyeux Noël à Marc, Lauren
et Megan, qui apportent de la magie
à ma vie toute l'année.

1

Réveille-toi, Sabrina !

« *Sabrina... Sabrina, réveille-toi...* »

— Non, pas maintenant, marmonna la jeune fille.

Sabrina n'avait aucune envie d'ouvrir les yeux. Elle voulait encore dormir, bien au chaud dans son lit. Son rêve était trop génial !

C'était le matin de Noël, il y a très longtemps. Bien avant que ses parents ne divorcent. Âgée de six ou sept ans, elle prenait son papa et sa maman par la main.

— *Venez vite ! On va ouvrir mes cadeaux au pied du sapin !*

« *Sabrina...* »

Elle remonta les couvertures par-dessus sa tête.

« Si je ne réponds pas, la voix s'en ira », pensa-t-elle.

« *Sabrina ! Debout !* »

Elle sursauta violemment. Mais qui criait ainsi de si bon matin ?

— Ça y est ! Ça y est ! Je suis réveillée ! s'écria-t-elle affolée, en regardant de tous côtés.

Oups ! Elle flottait à quatre mètres au-dessus de son lit. Vlan ! Elle retomba comme une crêpe sur le matelas.

— Aïe ! Génial, comme réveil ! Merci ! protesta-t-elle.

Elle se frotta les yeux et regarda à nouveau autour d'elle. Personne ! Son merveilleux rêve aussi s'était envolé. Elle était toute seule dans sa chambre au premier étage de la belle et vieille maison victorienne où elle habitait avec ses tantes. Alors, qui l'avait appelée ? Elle haussa les épaules :

— Sûrement Papa dans mon rêve.

— Sabri... Atchoum ! Sabrina ? Atchoum ! Sabrina !

Sabrina examina son bureau d'un air

soupçonneux. C'était de là que provenait tout ce boucan. L'énorme livre posé sur sa table toussait et éternuait !

Rien d'étonnant car cet ouvrage-là n'était pas comme les autres. Recouvert de vieux cuir, doré à l'or fin et incrusté de pierres précieuses, *À la découverte de la magie* sortait tout droit d'un musée du Moyen Âge. Le père de Sabrina le lui avait offert pour ses seize ans – le jour où il lui avait révélé une chose hallucinante. Elle était une sorcière ! Ses tantes Zelda et Hilda, également ! Et lui aussi était un sorcier ! Voilà pourquoi il avait voulu que sa fille vienne vivre avec elles à Westbridge, en Nouvelle-Angleterre ! Ses tantes devaient lui transmettre de vieux secrets afin qu'elle devienne une parfaite petite sorcière.

Au début, Sabrina avait refusé de l'admettre.

— Moi ? Une sorcière ? N'importe quoi ! Tu me fais une bonne blague pour mon anniversaire, Papa ! avait-elle tranché.

Même ses tantes étaient dans le coup ! Ne lui avaient-elles pas offert un énorme chaudron comme cadeau ? Le trio s'était sans doute donné le mot.

Sauf qu'à son deuxième jour de lycée elle avait compris qu'ils disaient vrai. À la cafétéria, une certaine Libby Chessler s'était moquée d'elle, tout en renversant exprès un verre de jus de raisin sur elle. Sabrina avait vu rouge. Aussitôt des éclairs et le tonnerre avaient envahi la salle ! Puis Sabrina avait pointé le doigt sur Libby Chessler qui s'était transformée... en ananas ! Complètement dingue !

En rentrant à la maison, une autre surprise de taille l'attendait. Salem, le chat noir de ses tantes, *parlait* ! Et il n'avait pas la langue dans sa poche, celui-là !

Et puis il y avait eu le cadeau. Un gros ouvrage intitulé *À la découverte de la magie*... qui s'était ouvert tout seul. Pire encore, la page s'était animée et le visage de son père était apparu. Le livre était monté jusque dans sa chambre ! Alors Sabrina avait admis la vérité. Et le portrait de son père avait confirmé l'incroyable nouvelle ! Les Spellman étaient une famille de sorciers !

Sabrina repoussa les draps. Elle s'avança à pas de loup vers le livre qui toussait et éternuait toujours autant.

— Ouvre le livre... Atchoum !... il faut que je te parle... Atchoum !

— Ah, c'est toi ? J'arrive tout de suite, Papa.

Sabrina chercha la lettre S.

— Surprise ! Bonjour, Sabrina ! s'écria Edward Spellman d'une voix enrhumée.

— Salut Papa... Tu es malade ?

— Oui, chérie... Atchoum !

Il se moucha et la regarda avec de pauvres yeux mouillés. D'habitude, ses cheveux noir corbeau brillaient, son sourire charmeur éclairait son beau visage. Ce matin-là, il avait le nez rouge et une mine atroce.

— Je me sens si mal, gémit-il.

— Qu'est-ce que tu as ? demanda Sabrina en reculant légèrement. J'espère que je ne vais pas attraper ta maladie !

— Impossible ! On n'a encore jamais vu une image contaminer qui que ce soit ! Même chez les sorciers ! Ne t'en fais pas, tu ne risques rien. C'est moi qui suis à plaindre ! Je souffre du rhume bleu.

— Pourquoi bleu ?

— Si tu me voyais en vrai, tu comprendrais illico. Je suis bleu de la tête aux pieds.

— Prends des comprimés ou lance-toi un sort. Tu connais sûrement une formule.

— Non, chérie, il n'y en a aucune. La seule solution est d'attendre que ça passe.

À ces mots, le cœur de Sabrina se serra :

— Et pour Noël ? Ne me dis pas que tu ne viens pas !

— Je sais que tu adores Noël, ma chérie, mais je suis incapable de faire la fête. Je suis dans un état !

— Tant pis, viens quand même. Je te soignerai. S'il te plaît, Papa ! supplia Sabrina.

— Le rhume bleu est extrêmement contagieux et les jeunes sorciers ont une santé fragile. Hors de question que je prenne ce risque. Tu fêteras Noël avec tes tantes, tu verras, ça sera très chouette.

— Mais je veux être avec toi ! Et avec Maman aussi ! protesta Sabrina, au bord des larmes.

Elle se sentit très mal en voyant le visage

bouleversé de son père. Edward Spellman pouvait presque offrir le cosmos à sa fille, mais ça, il ne le pouvait pas.

La mère de Sabrina était une mortelle. Archéologue, elle travaillait au Pérou et ne devait en aucun cas voir sa fille avant deux ans. Car si Sabrina posait les yeux sur sa mère, celle-ci se transformerait aussitôt en cire. Pour toujours. C'était une loi spécialement créée par les autorités de la magie afin que les sorciers y réfléchissent à deux fois avant d'épouser des mortels. Même le divorce de ses parents ne changeait rien au problème. Sabrina ne reverrait sa mère qu'à sa majorité. La jeune sorcière retint ses larmes à grand-peine.

— Sabrina, reprit doucement son père, sois sûre que tes parents t'aiment plus que tout au monde. Et tantes Hilda et Zelda aussi t'adorent.

— Ce n'est pas pareil. J'aurais tellement voulu que tu sois là.

— Ma chérie, avoir un rhume fait partie de la vie, même quand on est sorcier ! Nous n'y pouvons rien ! Alors, sois courageuse, d'accord ? Et dès que je serai guéri, nous referons un petit Noël, toi et moi.

Sabrina lui fit un grand sourire, mais le cœur n'y était pas.

— Oui, Papa.

— Voilà la Sabrina que j'aime ! dit-il avant d'être pris d'une nouvelle quinte de toux. Atchoum ! Je dois te laisser. Si tu me cherches, je serai à la lettre Q de ton livre.

— Ce n'est pas ta place habituelle ! Normalement tu es à S comme Spellman !

— On m'a expédié à Q, comme quarantaine ! soupira Edward Spellman. Le chapitre Q est réservé aux sorciers souffrant du rhume bleu. N'oublie pas que nous sommes contagieux. Atchoum ! Je dois y aller.

Soudain, l'image de son père se mit à flotter puis devint carrément floue.

— Au revoir, chérie. Prends soin de toi, Sabrina, bois bien ton jus d'orange le matin...

Sa voix s'éloigna de plus en plus :

— ... N'oublieee paaas teees moufffles

loooorsque tuuuu soooors, il fffffffait frrrroid dehoooors...

— Promis ! Ne t'inquiète pas ! cria Sabrina. Je t'aime, Papa ! hurla-t-elle, mais l'image s'était déjà évanouie.

Sabrina glissa le marque-page rouge à la lettre Q puis sourit.

— Au moins, si j'ai besoin de lui, je sais exactement où le trouver !

Plantée devant le miroir en pied, elle réfléchit un instant.

— Pas question d'avoir le cafard ! Il faut que je me remonte le moral ! décida-t-elle.

Elle claqua des doigts en se concentrant sur son reflet. *Clac, adieu, chemise de nuit ! Apparaissez, habits du lundi !* Elle admira sa tenue. Pull vert tortue, mini-jupe rouge et bottines noires...

Elle fit la grimace :

— Beurk ! J'ai l'air d'un elfe ! Ou d'un nain de jardin !

Clac ! Elle zappa pour une salopette et un pull noirs tout simples. Elle agita la main et une brosse à cheveux flotta dans les airs.

Quelques instants plus tard, les longs cheveux blonds de la jeune sorcière étaient brillants comme de la soie.

— Maintenant, un petit déjeuner ! dit-elle en attrapant son sac à dos au passage.

2

Sabrina a le blues !

Hilda et Zelda, installées à la table de la cuisine, buvaient leur café au lait.

— Salut, mes tantes ! lança Sabrina.

— Bonjour, notre nièce ! lui répondirent-elles en chœur.

« Elles sont adorables ! » songea la jeune fille.

Toutes les deux étaient blondes aux cheveux courts. Zelda, élégante et gracieuse, était une intellectuelle au tempérament un peu rêveur. Sa sœur, tout aussi jolie, avait une personnalité plus rigolote. Une merveilleuse fossette apparaissait sur sa joue quand elle souriait.

« Et sans magie, en plus ! » râla Sabrina intérieurement.

Elle jeta ensuite un œil vers Salem... qui ne riait pas du tout. Il lisait le *Financial Times* en fronçant les sourcils. Pauvre Salem ! Le Conseil des sorciers l'avait transformé en chat pour cent ans depuis le jour où il avait tenté de devenir l'empereur du monde. Sabrina se prépara un bol de céréales.

Zelda remarqua que sa nièce mangeait sans entrain.

— Sabrina, demanda-t-elle, que se passe-t-il ? On dirait que tu viens de perdre ton meilleur ami !

— Je ne l'ai pas perdu ! Il me laisse tomber pour Noël.

— Tu parles de ton père ? dit doucement Zelda.

Toute triste, Sabrina hocha la tête. Elle tendit le doigt vers un verre qui se remplit de jus d'orange.

Hilda leva le nez de son journal.

— Quoi ? Edward ne vient pas pour les fêtes ?

— Non, Tante Hilda. Papa a le rhume bleu !

— Quelle horreur ! Il paraît que c'est la plus violente épidémie depuis celle du 9 février 1964. Je m'en souviens très bien, j'étais complètement KO. J'ai bien cru que je ne guérirais jamais ! expliqua Hilda en frissonnant.

— Je vais contacter ce pauvre Edward dès que possible, annonça Zelda. Lorsque nous étions petits, il était dans tous ses états quand il tombait malade. Il déprimait à en pleurer. Affreux !

Elle se tourna ensuite vers Sabrina en prenant un air très sévère :

— C'est ça, ton petit déjeuner ? Quelques céréales trempées dans du lait froid ? Zap !

Un énorme bol d'avoine gorgée de lait apparut.

— Zap ! rétorqua Sabrina.

Ses céréales resurgirent.

— Pas question ! Zap ! Ma recette est plus nourrissante ! riposta Zelda.

— Zap ! Céréales !

— Zap ! Avoine !

— Zap ! Céréales !... Hé ! Il ne s'est rien passé du tout ! Au secours ! J'ai perdu mes pouvoirs !

Les yeux ronds, Sabrina fixa les flocons d'avoine arrosés de lait bien chaud. Sa tante se frotta les mains en riant.

— Normal ! J'ai dé-zappé tes pouvoirs ! Eh oui, le privilège de l'âge, ma chérie ! Maintenant, mange. Il fait un froid de canard. Je n'ai aucune envie que tu tombes malade. Un rhume bleu par famille, ça suffit !

Sabrina lui tira la langue. Elle goûta ensuite le mélange d'avoine et de cannelle arrosé de lait brûlant.

— Délicieux ! Le meilleur petit déjeuner que j'aie jamais mangé ! reconnut la jeune sorcière.

— Bravo ! Voilà qui est mieux ! approuva Zelda.

Hilda replia son journal et regarda sa sœur puis sa nièce :

— On ne sera que toutes les trois pour Noël ?

Salem s'éclaircit la gorge avant de lancer d'une voix tonitruante :

— Bonjour, tout le monde ! Comment allez-vous ? Moi, ça va bien, merci !

— Euh... nous ne serons que tous les quatre ! rectifia précipitamment Hilda.

— Qu'on soit quatre, cinquante ou cent, ça ne changera rien, marmonna Sabrina.

— Tu disais ? demanda Zelda.

— Rien. Je dois aller en cours.

— On achète un sapin de Noël cette année, d'accord ? suggéra Zelda.

— Mais oui ! Excellente idée ! approuva Hilda. On n'a jamais fait ça !

Sabrina se sentit encore plus malheureuse.

« Elles ne peuvent pas comprendre parce qu'elles n'ont pas d'enfants ! pensa-t-elle. Sapin de Noël ou pas, des fêtes de fin d'année sans ses parents, ça flanque le cafard. Même les sorcières ont le blues parfois. »

Les yeux pleins de larmes, elle fonça tête baissée vers la porte.

— Sabrina ! Attends ! s'écria Hilda.

— Sabrina ! Qu'est-ce qu'il y a ? renchérit Zelda.

Noyée jusqu'au cou dans son chagrin, elle n'entendit pas ses tantes. Pas plus qu'elle ne vit le regard inquiet qu'elles échangeaient.

3

Mes amis ? Quels amis ?

« Pas de panique, se réconforta Sabrina une fois qu'elle fut dans le bus qui l'emmenait au lycée de Westbridge. Je n'ai peut-être pas de famille, mais des amis, oui ! »

Un peu moins déprimée, elle ouvrit son casier pour prendre ses livres. Non loin d'elle, Libby Chessler, sa meilleure ennemie, entourée de sa cour habituelle, poussait des cris perçants.

— Je sens que je re-déprime ! soupira Sabrina. Que se passe-t-il encore ?

Elle regarda Libby du coin de l'œil. Celle-ci était si jolie avec ses cheveux noirs et son visage mince ! Toujours habillée à la mode, elle était aussi snob et surtout très vaniteuse. Sabrina ne s'expliquait pas du tout pourquoi elle était si populaire. Encore moins pourquoi Libby l'avait prise en grippe. Elle ne lui avait laissé aucune chance dès le premier jour. Était-ce parce que Harvey l'aimait bien ? Libby détestait qu'on apprécie une autre fille qu'elle.

— Est-ce que tu as vu le dernier numéro des *Plus Belles Demeures de Nouvelle-Angleterre* ? l'interpella Libby en agitant la revue de décoration.

— Non, je ne l'ai pas encore reçu. Je suppose que mon abonnement a été résilié ! rétorqua Sabrina d'un ton sarcastique.

— Quel dommage ! fit Libby d'une voix mielleuse. Parce que je suis dedans, figure-toi !

Elle ouvrit le magazine et le colla sous le nez de Sabrina :

— Tu vois le reportage ?... Il est sur ma famille... Regarde un peu notre maison ! Elle est belle, pas vrai ?... Admire notre décoration de Noël... Géniale, n'est-ce pas ?... Et le titre... *La maison idéale pour un Noël parfait*...

Sabrina regarda la photo sur la double

page. Libby et sa famille, habillés pour le dîner de Noël, posant devant la cheminée où crépitait un feu splendide...

Harvey les rejoignit et se pencha sur le magazine.

— Quelle belle maison, Libby ! la complimenta-t-il.

— Tu aimes ? Oh, merci, Harvey, c'est chez moi, roucoula-t-elle en battant des cils. Tu viens quand tu veux.

— C'est vrai ? s'exclama-t-il. Le retriever au pied de la cheminée est à toi ?

Libby rougit.

— Non. Les journalistes ont pensé que le chien ajoutait un petit plus sur la photo. Ils l'ont loué.

— Et les parents ? Ce sont les tiens au moins ? ironisa Sabrina.

— Bien sûr ! s'indigna Libby. Au fait, Harvey, nous organisons un buffet cet après-midi pour fêter le reportage. Tu viendras ?

— Pourquoi pas ? Qu'en dis-tu, Sabrina ?

Libby jeta un regard assassin à la jeune fille.

« Traduction, je t'arrache les yeux avec les dents si tu acceptes ! » devina Sabrina.

Si Libby l'avait tout de suite détestée, elle avait en revanche jeté son dévolu sur Harvey dès le début de l'année. Mais il était trop naïf pour se rendre compte à quel point Libby était odieuse.

« Je ne comprends pas ce que tu racontes ! Avec moi, elle est adorable ! » rétorquait-il quand Sabrina se plaignait de la méchanceté de leur camarade.

Sabrina revint sur terre : Harvey la contemplait d'un air interrogateur.

— Merci, mais je ne peux pas t'accompagner, Harvey, répondit Sabrina au grand soulagement de sa rivale.

Toute revigorée, la peste montra de nouveau les griffes.

— *Et toi*, Sabrina ? Que fais-tu de beau pour Noël ?

— Je le passe avec mes tantes.

— Sans tes parents ? s'écria Libby d'un ton plein de pitié.

« Si tu ne la boucles pas immédiatement, songea Sabrina furieuse, je t'expédie au pôle Nord pour ton Noël, espèce de dinde ! »

Elle croisa ses doigts dans ses poches pour se contrôler. Elle était si tentée de lui jeter un sort ! Libby au pôle Nord, quelle bonne idée !

« Non, Sabrina, pas question de lui clouer le bec de cette façon ! » se reprit-elle.

Heureusement pour elle, Libby se précipita vers Mitchell qui venait d'arriver.

— Hé, Mitchell ! Par ici ! Tu as vu le reportage dans...

Sabrina se détourna, soulagée.

— Chouette maison, n'est-ce pas ? commenta Harvey en fourrageant dans son casier.

Soudain, il fit tomber un sac en papier. Sabrina se pencha pour le ramasser.

— Non ! cria Harvey. N'y touche pas !

— Excuse-moi, fit Sabrina, surprise. Oh, là, là ! il y a bien quatre sandwiches, là-dedans ! Tu m'invites ce midi, c'est ça ? plaisanta-t-elle.

— Ce n'est pas mon déjeuner, murmura-t-il, mal à l'aise. Je dois y aller.

Il prit son sac en papier et partit très vite.

Jenny Kelly, une jeune fille rousse à

l'allure énergique, arriva presque en courant.

— Salut, Sabrina ! Je suis en retard ! Celui-ci, au contraire, m'a l'air très pressé, observa sa meilleure amie en remarquant Harvey qui filait comme un lapin. Qu'est-ce qu'il a ?

— Aucune idée, répondit Sabrina, pensive.

En cours, les deux filles durent subir un discours de Libby.

— Les délégués de Westbridge, dont je fais partie, ont décidé de récolter des dons pour le Noël des orphelins. Le centre commercial a décoré un sapin spécial à l'intention des enfants. Nous aimerions que chaque élève du lycée donne un petit quelque chose afin qu'on leur offre des cadeaux. Vous pouvez vous inscrire sur la liste...

— Depuis quand elle s'intéresse aux autres ? s'étonna Sabrina.

— Tu n'as pas lu l'interview dans *Les Plus Belles Demeures de Nouvelle-Angleterre* ?

— Non, merci. Sans façons. Les photos m'ont suffi.

— Ses parents disent que la responsabilité des gens aisés est d'aider les pauvres. Chaque Noël, la famille de Libby fait des dons, expliqua Jenny.

Sabrina regarda par la fenêtre. Si ses parents avaient été réunis, est-ce qu'ils auraient participé au Noël des orphelins ? Qu'auraient-ils donné comme cadeaux aux enfants ? Auraient-ils été les choisir tous les trois ?

La jeune sorcière retint ses larmes pendant tout le cours.

4

Harvey fait des mystères !

À la cafétéria, où elle déjeunait avec Jenny, Sabrina se sentit encore moins bien. Mais pour d'autres raisons. La viande dans son assiette avait une drôle de couleur !

— Hors de question que je mange de la dinde verte ! s'écria Sabrina indignée, en repoussant son assiette. Quand je te dis qu'ils essaient de nous empoisonner depuis le début de l'année !

— Ce n'est pas si mauvais. Ne t'inquiète pas. Sûrement un simple colorant ! fit Jenny.

— De plus en plus rassurant !

Elle aperçut alors Harvey et lui fit de grands signes. Il s'approcha à contrecœur.

— Qu'est-ce qu'il y a ? Tu es pâle ! Ça y est, je sais ! Tu as mangé de la dinde verte ! plaisanta Sabrina.

— Euh... Non... je ne déjeune pas à la cafétéria aujourd'hui... J'ai quelque chose à faire. Hyper-urgent ! prétexta-t-il en serrant son sac en papier.

— Ah bon ! Mais encore ? glissa la jeune sorcière.

— Rien, rien. Bon, salut, les filles ! Je suis pressé ! s'excusa-t-il.

Et il s'éclipsa aussitôt.

« Harvey est bizarre ! Vraiment bizarre. Et qu'est-ce qu'il y a dans ce fameux sac ? se demanda Sabrina. C'est la première fois depuis que je le connais que l'on ne déjeune pas ensemble », remarqua-t-elle avec un pincement au cœur.

Décidément, tout allait de travers depuis le début de la journée.

Elle se concentra sur Jenny qui, tout animée, parlait depuis un bon moment. Sabrina n'avait pas écouté un mot !

— ... Tout le monde sera là ! Même ma grand-mère Irène vient pour Noël, exultait la jeune fille. Elle a quatre-vingt-douze ans ! Tu te rends compte ? Une antiquité !

« Si tu voyais le certificat de naissance de mes tantes ! » songea Sabrina en retenant un sourire.

— Maman va cuisiner toute la semaine pour le grand dîner ! La pauvre ! Je ne pourrai même pas l'aider !

Après le lycée, Jenny travaillait au centre commercial durant la période des fêtes. Déguisée en elfe, elle s'occupait des enfants qui voulaient être pris en photo sur les genoux du Père Noël.

— Je ne vais pas avoir une minute de libre ! poursuivit Jenny. Et toi ? Que vas-tu faire ?

« Du ski sur Mars ! pensa Sabrina. Non, j'y suis déjà allée pour Thanksgiving ! »

— Rien de particulier, répondit-elle.

En fin de journée, elle retrouva Harvey devant les casiers. Il était toujours aussi nerveux.

— Tu n'as pas entraînement de basket, Harvey ?

— Non, il ne reprend qu'en janvier.

— Super ! On va se balader, alors ?

— Impossible... Je suis... je suis... je suis désolé, bredouilla-t-il, très gêné. Euh... j'ai promis... j'ai promis à ma mère de l'aider... à... à préparer les cookies...

« Oh, Harvey, tu me mens ! J'en suis sûre ! » pensa la jeune fille.

Elle espéra un moment qu'il l'invite.

— J'y vais, annonça-t-il.

Le cœur de Sabrina se serra une nouvelle fois. Elle suivit le jeune homme des yeux. Il traversa le couloir à la vitesse grand V. Comme s'il la fuyait.

Elle rentra à pied malgré le froid qui lui piquait les yeux. Elle se sentait si seule. Jenny était débordée et Harvey faisait des mystères ! Elle s'arrêta devant quelques sapins. Si elle en achetait un ? Elle pourrait le décorer avec ses tantes. Les arbres étaient bien maigrelets. Ils avaient perdu la plupart de leurs aiguilles. Certaines branches étaient presque brunes.

— Au secours ! Cette fois-ci, ça y est ! Je fais une dépression ! Des sapins de Noël à moitié morts ! Il ne manquait plus que ça ! gémit-elle.

Elle fusilla du regard les deux vendeurs, un petit gros et un grand échalas à l'air louche.

Puis elle reprit sa route en pensant à Harvey. Il était si gentil. Franc et honnête. Parfois naïf, même ! Pourquoi avait-elle l'impression qu'il lui cachait quelque chose ?

« Et quoi ? » se demanda-t-elle.

Soudain, elle s'arrêta net. Elle revit la belle maison de Libby. L'enthousiasme d'Harvey. Il irait seul au pot chez elle. Sabrina était désormais hors concours. Harvey préférait Libby et il ne savait comment le lui avouer. Voilà pourquoi il l'évitait !

5

Le cauchemar continue !

Sabrina eut soudain très froid. Puis très chaud. Et cette fois Harvey n'y était pour rien. Plantée devant chez elle, elle n'en croyait pas ses yeux.

— Impossible ! Non ! Ce n'est pas *ma* maison ! hoqueta-t-elle, effarée. J'hallucine !

Rien n'était plus faux. Car elle était bel et bien à la bonne adresse. Sauf que la sage demeure victorienne s'était métamorphosée en...

« En quoi, d'ailleurs ? songea Sabrina, perplexe. Ça y est ! En boîte de nuit des années soixante-dix ! Si elles ont invité les

Bee Gees pour un concert, je retourne au lycée ! »

Elle observa les spots fixés un peu partout sur la façade. Sur le toit, une rangée de danseurs en néon, grandeur nature, brillaient de tous leurs feux. Et la cheminée !

— Oh, mon Dieu ! s'écria Sabrina, affolée.

Perché sur la cheminée, un Père Noël animé, au ventre bien rebondi, hurlait de sa voix mécanique : « Joyeux Noël ! Joyeux Noël ! Joyeux Noël ! »

Chaque fenêtre, chaque tourelle et chaque porte de la maison victorienne était éclairée par des guirlandes lumineuses. Ainsi que le moindre arbre ! Le jardin ressemblait à un verger bicolore de la planète Mars ! Ses tantes avaient choisi leurs couleurs préférées pour la décoration : orange et noir.

— Cette maison appartient à des sorcières en plein délire de Halloween ! pesta Sabrina.

Elle s'avança vers la porte d'entrée où un énorme stroboscope et des ampoules clignotaient au son d'une version disco de *Mon beau sapin*.

— Qu'est-ce que c'est que ce boucan ? râla une voix derrière elle.

Sabrina se retourna : un homme et une femme passaient à toute vitesse devant la maison en se bouchant les oreilles. Morte de honte, elle se faufila à l'intérieur... et faillit tomber à la renverse. Un immense sapin artificiel aux branches toutes blanches ornées de boules rouges et vertes était ficelé de tonnes de guirlandes or et argent. Sur le comptoir de la cuisine s'empilaient de véritables montagnes de cake aux fruits.

— Moi qui déteste le cake ! marmonna Sabrina.

Elle entendit un furieux raffut dans la pièce voisine. S'attendant au pire, elle s'avança avec précaution jusqu'au seuil.

Dans la salle à manger, Zelda assemblait de petites maisons lumineuses sur la table. Salem chassait un train électrique qui tournait à toute vitesse autour d'une plante. Quant à Hilda, elle pulvérisait des tonnes de neige artificielle sur les meubles.

— Surprise ! hurlèrent-elles dès qu'elles virent leur nièce.

À en croire leur sourire accroché

jusqu'aux oreilles, elles ne doutaient pas une seconde que Sabrina explose de joie.

— Alors ? Ça te plaît ? demanda Hilda, les joues toutes roses.

— Beaucoup.

— Tu n'en reviens pas, n'est-ce pas ? lança Zelda, ravie.

— C'est le cas de le dire ! bougonna la jeune sorcière.

Elle rougit aussitôt en voyant le sourire de ses tantes s'évanouir. Elles voulaient lui faire plaisir. Elles avaient tout organisé pour qu'elle n'ait pas de chagrin à passer Noël sans sa famille. Et elle, elle gâchait tout en faisaient la moue.

— J'adore ! se reprit Sabrina.

Ses tantes échangèrent un regard entendu.

— Elle n'aime pas, déclara Zelda.

— Je dirais plutôt qu'elle déteste, soupira Hilda.

Elles se rapprochèrent et claquèrent ensemble dans leurs doigts. Dans un tourbillon de neige artificielle et de vent glacé, tout disparut du salon des sœurs Spellman.

— Mon train ! protesta Salem, outré. Rendez-moi mon train !

Soudain la porte d'entrée s'ouvrit et le stroboscope roula jusqu'aux pieds de Hilda.

— Toute la déco s'est évanouie, sauf ça ! Moi qui en ai toujours voulu un ! Génial, non ?

— Tante Hilda, Tante Zelda, murmura Sabrina, je suis désolée.

— Mais non ! la rassura Zelda d'une voix douce. C'est nous qui avons tout faux. Nous voulions que tu sois gaie malgré l'absence de tes parents.

— Oublions cela ! coupa Hilda, pleine d'entrain. Qu'est-ce qui te ferait plaisir ?

Sabrina s'affala dans le canapé en soupirant.

— Je n'en sais rien ! Tout le monde est archi-occupé. Jenny attend sa famille, Harvey prépare des cookies avec sa mère...

— Des cookies ? Tu veux des cookies ? Il suffit de demander ! s'écria Hilda.

Elle tendit le doigt et un assortiment de cookies à tous les parfums lévita sous le nez de Sabrina. La jeune fille en attrapa un et le fourra aussitôt dans sa bouche.

— Et Bibbybosebansblesblusbellesbemeuresbeboubellebangleterre.

— Une jeune sorcière bien élevée ne parle pas la bouche pleine, chérie ! la tança Zelda.

Sabrina claqua des doigts et un verre de lait flotta. Elle but une gorgée avant de reprendre :

— Je disais que Libby pose dans *Les Plus Belles Demeures de Nouvelle-Angleterre.*

Hilda se caressa pensivement le menton.

— Je ne m'y connais pas du tout en magazine de décoration. Et toi, Zelda ?

— Je connais le rédacteur en chef de *Balais magazine* mais le numéro est déjà paru. On pourrait peut-être...

Sabrina les calma d'un geste de la main.

— Je ne veux pas d'article m'as-tu-vu à la Libby. Je voudrais juste être moins triste. Apprécier les fêtes comme Libby, Jenny et Harvey. Je suis super contente d'être une sorcière ! Je peux faire plein de choses que mes amis imaginent à peine. Mais pourquoi avoir tous ces pouvoirs si je ne peux pas avoir un Noël normal ? Je me sens exclue.

— Nous comprenons à cent pour cent, approuvèrent Hilda et Zelda en chœur.

— J'aimerais que Maman soit là, murmura Sabrina. Elle a toujours su créer une ambiance du tonnerre pour Noël... Je vais dans ma chambre, annonça-t-elle en sentant ses larmes venir.

6

Sabrina et Salem jouent au Père Noël

Elle ramassa son sac à dos et monta les escaliers quatre à quatre. Elle prit la photo de sa mère puis se jeta sur le lit en serrant le cadre tout contre elle.

« Super, d'être une sorcière ! On ne voit jamais sa mère ! » pensa-t-elle.

— Je ne te comprends pas ! lança alors Salem.

Sabrina se retourna. Le chat se tenait sur le rebord de la fenêtre, sa longue queue noire battant l'air.

— C'est quoi, le problème ? reprit-il. Tu n'as pas besoin de toutes ces histoires de Noël ! Tu es une sorcière, que diable !

— Et ?

— Et ? s'exclama Salem. Je rêve ! Enfin, voyons, Sabrina !

Il la rejoignit sur le lit.

— Tu ne vas pas pleurnicher comme une gamine ! Tu peux avoir n'importe quel cadeau en claquant simplement des doigts ! Tu lances un sort tranquille, rien qu'en ouvrant ton livre de magie ! Du shopping sans bouger de chez toi ! Mieux qu'Internet ! Et la cerise sur le gâteau, tu pars pour la Lune ou pour Mars en deux secondes ! De quoi te plains-tu ?

— Tu as raison, Salem. Attends un peu... Mais oui ! C'est ça !

Elle repensa à tous les cadeaux dont elle avait eu envie depuis qu'elle était petite. Elle rit et jeta un regard en coin à Salem :

— Je me les offre tous ou pas ?

— Vas-y, ma fille ! Avec ma bénédiction !

Elle se frotta les mains pour les réchauffer puis les pointa sur son vieux fauteuil.

Que les cadeaux dont je rêve depuis si longtemps
Apparaissent en une seule fois et à l'instant.

— Aïe ! hurla Salem, la patte sur son oreille. Tu m'as fait atrocement mal ! J'ai reçu une décharge électrique ! Tu n'es pas encore au point, ma vieille. Où as-tu appris cette formule-là ? Mes ancêtres doivent se retourner dans leurs tombes ! Et pourquoi tu fais sans arrêt des rimes ? Sois plus simple !

— Excuse-moi, je suis désolée. De toute façon, peu importe la manière du moment que ça marche !

— Simple question de style, ma chère, riposta sèchement Salem.

— Zap ! jeta alors Sabrina, le regard concentré et le doigt tendu vers le fauteuil.

Des étincelles jaillirent de toutes parts. De petites cloches tintèrent et un merveilleux ours en peluche pourpre apparut. Celui qu'elle avait admiré à la devanture d'un magasin à cinq ans ! Elle l'avait tellement voulu ! Elle bondit et le serra très fort contre elle.

— Oh, mon Dieu, ma pauvre enfant ! fit Salem, dépité. C'est *ça* ton vœu le plus cher ?

— Et alors ? répondit Sabrina, indignée. Et puis je n'ai pas encore fini !

Elle arpenta la pièce, son ours dans les bras. Elle s'arrêta net. Elle avait écrit douze lettres en décembre lorsqu'elle avait six ans ! Toutes demandaient la même chose ! Sabrina doutait que le Père Noël exauce son vœu. Pourtant, elle avait espéré de toutes ses forces. Aujourd'hui, son souhait devenait possible !

— Zap !

— Euh... Sabrina... excuse-moi de te déranger mais nous avons un problème ! Et un gros ! dit Salem, affolé. Retourne-toi lentement ! Il y a un énorme cheval dans la chambre !

— Je sais ! fit Sabrina, enchantée. Il est beau, n'est-ce pas ?

Elle remua les lèvres et se retrouva vêtue de pied en cap en cow-girl. Le lasso, les bottes, la chemise, le chapeau ! Rien ne manquait ! Même Salem se retrouva avec un minuscule chapeau rouge de cow-boy sur le crâne.

— Je n'aime pas les chevaux ! gémit-il.

Et débarrasse-moi de ce couvre-chef ridicule, s'il te plaît !

Sabrina l'enleva puis se laissa tomber sur le lit en admirant le bel animal. Comment le promènerait-elle ? Où iraient-ils galoper ? Pourrait-elle s'en occuper tous les jours ? Il faudrait aussi qu'elle prenne des leçons pour le monter. Non, c'était un rêve d'enfant. Impossible à conserver plus de deux minutes. Un cheval n'était pas un jouet mais un être vivant qui avait besoin d'espace, de soins. Elle comprenait pourquoi sa mère avait refusé.

En deux zap et un soupir, elle le renvoya d'où il venait.

— On continue ? intervint Salem, impatient.

— OK, c'est reparti !

Elle fit apparaître les cadeaux dont elle rêvait. CD, bijoux, chaussures... Même Salem fut de la fête. Il s'amusa avec quelques jouets pour chats et enfila des colliers de diamants dont il raffolait.

— Ne suis-je pas la fille la plus heureuse de la terre ? s'écria la jeune sorcière, enthousiasmée.

— Qui essaies-tu de convaincre ? répondit doucement Salem. Toi ou moi ?

Aussitôt la joie de la sorcière s'évanouit. Elle fit disparaître d'un seul zap vengeur tous les fabuleux présents. Salem bondit sur le rebord de la fenêtre.

— M'enlever mes cadeaux comme ça ! Sous mon nez ! Sans me prévenir ! Merci bien ! glapit-il. Je n'ai plus qu'à me noyer de désespoir dans mon bol de lait !

« De toute façon, quelle valeur ont des cadeaux qu'on se fait soi-même ? Sans doute aucune ! » songea Sabrina.

Elle regarda Salem qui boudait devant la fenêtre. Dehors, la nuit était tout à fait tombée. Il faisait sûrement sombre et froid. Comme dans le cœur de Sabrina.

7

Espionner ou ne pas espionner ?

Noël approchait à grande vitesse et Sabrina manquait toujours autant d'idées. Qu'allait-elle offrir à Harvey ? Salem s'étira langoureusement sur le sol de la cuisine.

— Je vais t'aider un peu ! Une boîte de thon ? Ou peut-être deux adorables petites souris fourrées à la crème ?

— Je ne te demande pas ce que *tu* veux pour Noël ! Je cherche un cadeau pour Harvey ! Pour Jenny, c'était facile. Un pendentif en cristal avec une chaîne et un recueil de poèmes. Mais pour Harvey, franchement, je sèche.

Zelda s'installa auprès de sa nièce :

— Et un joli boulier ? Qu'en dis-tu ?

Et elle fit apparaître un magnifique objet très ancien sur la table.

— J'adorais cela quand j'étais gamine. Jusqu'à ce que *quelqu'un* me l'emprunte et le casse ! ajouta-t-elle en lançant un regard accusateur à sa jeune sœur.

— Un boulier ! Ce n'est pas moderne ! trancha celle-ci. Que veux-tu qu'il en fasse ? Complètement ringard !

À son tour, elle réfléchit.

— Je sais ! Une mi-temps de basket-ball avec Michael Jordan sur la Lune.

Sabrina écarquilla les yeux :

— C'est possible ? J'ai le droit ?

— Non, non ! répliqua Zelda. Nous sommes en plein milieu de la saison de basket-ball. Il est virtuellement impossible que Michael se libère en ce moment.

— Tant pis, dit Sabrina, résignée. On reportera ce cadeau à son anniversaire.

Elle parcourut la pièce des yeux comme si elle espérait une subite illumination. Son regard se posa sur un cadre ancien accroché au mur. Le portrait de la vieille dame au sévère chignon. Tante Louisa, toute de noir vêtue. Sabrina s'attarda sur le col de dentelle piqué d'un camé, remontant jusqu'à la gorge.

« Comme les apparences sont trompeuses ! » se dit la jeune sorcière.

— Tante Louisa, supplia-t-elle d'un ton plein d'espoir. Est-ce que tu aurais une idée ?

Seules les lèvres du portrait remuèrent, mais un éclat de rire précéda sa réponse :

— Un CD des Smashing Pumpkins ! Personnellement, j'adore !

Sabrina rit. La première fois qu'elle l'avait entendue parler, elle avait failli s'évanouir. Mais, depuis, elle avait vu et entendu des choses bien plus stupéfiantes...

— Bien joué, Tante Louisa ! Sauf que Harvey a déjà tous les CD des Smashing Pumpkins.

Tante Louisa, Salem, Zelda et Hilda proposèrent d'autres objets : des délirants, des vieillots, des historiques, mais rien ne convenait à la jeune sorcière.

— Tu devrais l'espionner un peu, suggéra soudain Tante Louisa. Voir comment il vit. Tu aurais des tas d'informations. Il te sera plus facile de trouver LE cadeau pour lui !

— Je ne sais pas si c'est un bon plan ! intervint Zelda, inquiète. Il faut faire attention quand on pénètre dans la vie privée de quelqu'un.

— Mais non ! Fonce, Sabrina ! l'encouragea Hilda.

— On coupe la poire en deux ! décida Sabrina en attrapant son manteau. Je l'espionne *un tout petit peu* !

Sabrina s'arrêta net sous le porche de la maison d'Harvey. À l'intérieur quelqu'un chantait à pleins poumons. La voix ressemblait à s'y méprendre à celle... d'Elvis Presley ! Elle s'approcha du panneau vitré de la porte. Harvey était seul dans le salon. Et Sabrina dut mettre sa main devant sa bouche pour ne pas éclater de rire.

Très concentré et surtout se croyant seul, le jeune homme imitait les moindres gestes d'Elvis chantant *Blue Christmas*.

« Il est si mignon ! » s'attendrit Sabrina.

Elle aurait pu rester des heures à l'admirer en train de danser et de chanter.

« Dommage qu'il fasse si froid ! » regretta-t-elle.

Elle recula d'un pas et, à l'intérieur, Harvey s'immobilisa. Il regarda vers la porte et reconnut son amie. Sabrina agita la main. Au lieu de sourire, Harvey fut pris de panique. Il s'empara d'un objet posé sur le canapé et le fourra vivement dans un sac en papier.

« Mais qu'a-t-il mis là-dedans ? » s'interrogea Sabrina.

Puis il se précipita vers le tourne-disques, ôta le vinyle et le rangea dans sa pochette.

Ensuite seulement, il s'avança pour ouvrir.

— Salut, Sabrina, dit-il, rougissant.

— Salut.

— Heu... Comment vas-tu ?

— J'ai un peu froid.

— Oh, pardon ! Entre !

Elle se faufila dans le salon où il faisait bon, en frottant ses mains glacées l'une contre l'autre.

— J'ai cru entendre Elvis.

— Un vieux disque de mes parents, répondit Harvey, embarrassé. Je sais que c'est un peu ancien mais, vraiment, j'adore.

— Oh, mais moi aussi, j'aime bien.

— C'est vrai ? s'écria Harvey.

— Évidemment, fit Sabrina en décidant de ne pas mentionner que les sorcières avaient des enregistrements d'époque de Mozart dont elle raffolait plus que tout.

— Elvis était un pionnier. La première vraie star de rock, ajouta-t-elle.

— Je suis bien d'accord. Si seulement je pouvais chanter comme lui !

— J'aime bien comment tu chantes !

— Pourquoi tu es passée ? Tout va bien ? Tu n'as pas de problème, j'espère ? s'inquiéta-t-il en lui prenant la main.

— Non, non, rien de particulier.

Soudain, elle eut une illumination. Elle savait comment trouver le cadeau qui lui ferait plaisir !

— Je voulais te demander conseil, enchaîna Sabrina. Je ne sais vraiment pas quoi offrir à mon cousin. Il est un peu dans ton genre. Le même âge que toi. Pourrais-tu m'accompagner demain pour lui chercher un cadeau ?

Harvey jeta un coup d'œil à son mystérieux paquet en papier. Comme s'il réfléchissait. Puis il revint à Sabrina.

— Oui, oui, bien sûr. Mais je ne crois pas que je te serai vraiment utile. Je ne connais pas ton cousin.

— Ne t'inquiète pas, Harvey. Il te ressemble *beaucoup*. En fait, tu pourrais être son frère jumeau.

8

Merci, Sabrina !

Le lendemain, à la fin des cours, Sabrina attendit impatiemment Harvey devant la salle de chant. Trop timide pour se proposer, il avait rejoint la chorale par accident.

L'ordinateur de l'école l'avait inscrit par erreur. Harvey avait bien tenté de s'expliquer dès le premier jour ! Mais M. Beasley, le professeur de chant – ravi de récupérer un de ces garçons qui refusaient toujours de chanter –, n'avait rien voulu entendre. La timidité de Harvey était une des choses qui touchaient le plus la jeune sorcière.

Elle jeta un œil à l'intérieur de la salle. Les sopranos, les altos, les ténors, tous les élèves étaient là, mais pas de Harvey sur l'estrade. Avait-il séché la répétition ? Et oublié leur rendez-vous ?

« Ah non, se rassura Sabrina. Le voilà. Caché tout au fond, comme toujours », s'attendrit-elle en reconnaissant sa chevelure.

Elle l'aurait repéré n'importe où. Et celle-ci aussi ! Car à deux pas du jeune homme se tenait... Libby Chessler !

— Libby ! appela M. Beasler. Voulez-vous approcher et chanter avec les sopranos ? Votre place n'est pas au fond, jeune fille !

Libby fit une abominable grimace en gagnant la place que lui indiquait le professeur de chant. La répétition du concert de Noël prévu au centre commercial continua. De vieilles chansons de Noël, des rengaines habituelles et des ritournelles connues que l'on chantait sans doute partout dans les lycées d'Amérique.

— Légèrement vieillot ! murmura Sabrina en observant les chanteurs. Il faudrait que ça bouge un peu plus !

Elle avança dans la salle et découvrit dans un coin une partition de... *Blue Christmas* !

Après avoir vérifié que personne ne la regardait, Sabrina leva la main droite et souffla doucement dessus. Un petit courant d'air souleva la partition de *Blue Christmas*. Les feuilles s'envolèrent vers M. Beasley puis se déposèrent à ses pieds.

— Que quelqu'un ferme cette porte ! cria-t-il, excédé. Il y a des courants d'air !

« Raté ! » songea Sabrina.

Elle tapota discrètement son doigt sur sa paume. Un petit moustique apparut. Il alla taquiner le visage de M. Beasler... et bourdonna l'air de *Blue Christmas* dans son oreille. Celui-ci commença à chantonner malgré lui.

— Ça marche ! exulta la jeune sorcière.

— J'ai une merveilleuse idée ! s'exclama alors M. Beasley. Nous allons introduire un solo dans notre concert ! *Blue Christmas* d'Elvis Presley... Euh... qui va chanter ?... Tiens, Harvey !

— Moi ? Mais je..., bredouilla Harvey, rouge pivoine.

— Allez, allez ! Pas de discussion ! Vous serez parfait !

Harvey eut l'air mortifié. Sabrina était

désolée : elle n'avait pas voulu le gêner en public !

— On attaque les premières mesures ! ordonna M. Beasley à la pianiste. Harvey, vous connaissez les paroles ?

— Euh... Oui... Je...

— Parfait ! On y va ! Ne soyez pas timide, Harvey.

Le jeune homme s'éclaircit la voix et chanta... si doucement que presque personne ne l'entendait. Les paroles étaient à peine audibles, puis brusquement sa voix se fêla. Il jeta des regards nerveux un peu partout, aperçut alors Sabrina et rougit violemment. Cette fois, sa voix ne fut plus qu'un murmure.

Quelques chanteurs firent la grimace. Sabrina se fit toute petite dans son coin.

Harvey subissait une humiliation terrible sur l'estrade. Peut-être même la honte de sa vie ! Et grâce à qui ? Merci, Sabrina !

9

Harvey fait un tabac !

Elle aurait tellement voulu revenir en arrière. Quelques secondes à peine avant d'avoir lancé le sort ! Même un centième de seconde aurait suffi pour sortir le pauvre Harvey du pétrin dans lequel elle l'avait mis. Lui qui voulait si souvent passer inaperçu ! Mais remonter le temps était un pouvoir qu'une sorcière n'obtenait pas facilement !

Le Conseil des sorciers autorisait ce don dans des circonstances exceptionnelles. Sabrina avait eu toutes les peines du monde à bénéficier de cette faveur une fois déjà. Elle avait pu en effet revivre sa deuxième journée à Westbridge[1]. Et elle préférait ne pas retenter l'expérience. Jamais le Conseil n'aiderait Harvey alors que tant de choses graves arrivaient dans le cosmos. Sabrina fit de son mieux.

— Joyeux Noël, Harvey, murmura-t-elle.

Elle chantonna ensuite un sort composé à toute vitesse :

D'Elvis Presley tu auras la voix
Comme le King tu danseras
Toutes les filles seront en joie
Et se rouleront par terre pour toi.

Elle n'était pas ravie des deux derniers vers mais quand on est pressé, on est pressé ! Elle pointa le doigt vers le jeune homme. Un nuage de sucre blanc d'où des étincelles multicolores jaillissaient l'enveloppa de la tête aux pieds. M. Beasley sursauta violemment. Puis il se figea sur place.

Car Harvey chantait comme le King.

Son timbre de velours, riche, profond, doux, sans le moindre bégaiement, envoûta

1. Cf. *Une rentrée pas ordinaire*.

le professeur. Comme si la propre voix d'Elvis sortait de la gorge d'Harvey.

Le jeune homme lui-même semblait stupéfait. Il se détendit de plus en plus et commença de se déhancher comme son idole.

Tout à son bonheur, il ne remarquait même pas les spectateurs interloqués. Un tonnerre d'applaudissements et de hourras salua sa performance quand il eut fini. Il se fraya un chemin parmi ses admirateurs et rejoignit son amie.

— Harvey, c'était merveilleux ! le félicita Sabrina.

— Je n'en reviens pas moi-même ! Je dois avoir une petite étoile qui brille au-dessus de ma tête ! répondit le jeune homme encore surpris.

« Heureusement qu'il prend toujours la vie comme elle vient. Et sans se poser trop de questions », songea Sabrina.

— Est-ce que tu es prête ? On va faire ces courses pour Noël ?

— Plus besoin, Harvey ! J'ai trouvé pile le bon cadeau !

10

Harvey rock star !

« Plus que trois jours avant Noël », pensa Sabrina en se réveillant.

Elle regarda machinalement la boule de neige posée sur sa table de chevet. Sa mère la lui avait offerte lorsqu'elle était enfant. Sabrina s'en empara et la secoua doucement. Les flocons blancs envahirent la petite maison aux volets jaunes. Les trois arbres verts accrochèrent quelques pépites blanches à leurs branches. Chaque mois de décembre, Sabrina l'avait agitée en faisant le même vœu.

« S'il vous plaît, faites qu'il neige pour le soir de Noël. »

Parfois elle réussissait, parfois il faisait

juste gris et froid. À l'époque, elle ignorait que la magie était en elle.

— S'il vous plaît, faites qu'il neige pour le soir de Noël ! chuchota-t-elle.

— Tu ne demanderais pas ça si tu étais allée faire un tour dehors comme moi ! Je me suis gelé les pattes ! pesta Salem d'un ton acerbe.

— Salut, Salem ! Tu veux que je t'offre des bottes rouges fourrées ?

— Pourquoi pas ? répondit-il.

— Je me demande s'il existe un sort pour faire neiger.

— Il y en a un, mais ne compte pas sur moi pour te le révéler ! déclara-t-il avec dédain.

— Allez, debout ! Harvey m'attend ! C'est le grand jour pour lui ! lança Sabrina en se levant.

Harvey était extrêmement nerveux.

« Je crois même que le pauvre est paralysé par la peur », devina Sabrina.

Ils étaient garés devant le centre commercial où devait avoir lieu le premier concert de la chorale du lycée.

— Tu refuses de sortir de la voiture ? plaisanta-t-elle.

— Tu as vu ce monde ? gémit Harvey.

— Ça ira très bien.

— Mes mains ! se plaignit-il.

— Quoi ? ! Qu'est-ce qu'elles ont ?

— Impossible de les bouger. Cas de force majeure, elles sont collées au volant !

— Allez, un peu de cran, l'encouragea-t-elle en lui donnant un baiser sur la joue.

— OK, d'accord, déclara Harvey en souriant. Si tu me prends par les sentiments, j'y vais tout de suite ! Je chanterai pour toi !

— Merci. Tu es adorable. La foule va t'ovationner.

— Pitié ! Ne prononce pas ce mot !

— Lequel ?

— Foule.

Une fois à l'intérieur, Harvey se réchauffa la voix en faisant quelques vocalises avec ses camarades. Sabrina en profita pour aller voir Jenny. Déguisée en elfe vert de la tête aux pieds, la jeune fille semblait elle-même verte.

— Tu es super... super-verte ! se moqua Sabrina.

— J'ai toujours été verte quoi qu'il arrive. C'est de naissance ! plaisanta Jenny.

— Où est notre star du jour ? Le Père Noël devrait être à son poste, non ?

— Ne m'en parle pas ! Je l'ai surnommé le pire Père Noël du monde. On passe notre temps à le chercher. Monsieur multiplie les pauses. Il se repose plus qu'il ne travaille, d'ailleurs.

— Prenez quelqu'un d'autre !

— Il faut qu'on s'en contente ! Personne ne veut jouer les Père Noël en cette période.

« Dommage pour les petits ! » songea Sabrina.

Enfant, elle était persuadée que le Père Noël du supermarché était le seul, le vrai, l'unique. Celui qui descendait dans les cheminées et chargeait des milliers de cadeaux dans son traîneau. Fascinée, elle posait sur ses genoux jusqu'à ce qu'un beau jour elle comprenne qu'il s'agissait d'un vieux monsieur déguisé.

Elle entendit de la musique. Le concert avait commencé !

— Harvey va chanter dans une minute. Je te vois plus tard, Jenny.

— OK. Salut, dit celle-ci, un peu absente. Quelle barbe ! Où est-il encore passé, ce Père Noël de malheur ? Hé, vous avez vu Kris Kingle ?

Sabrina rejoignit la foule qui s'était formée autour de la chorale. Pour l'instant, les chanteurs entonnaient *Douce nuit* auquel succéda *Noël blanc*. Comme toujours, Harvey était au fin fond du groupe. En attendant le solo d'Elvis, elle croisa les doigts. Elle reconnut alors l'introduction de *Blue Christmas*. Son cœur se mit à battre jusqu'à ses oreilles. Harvey ouvrit la bouche, mais aucune parole n'en sortit.

— Oh, mon Dieu ! murmura Sabrina, paniquée.

Elle récita à voix basse :

Harvey, quand la peur s'empare de toi,
Regarde-moi et oublie ce qui est autour.

Harvey se détendit quand il croisa son regard. Un léger sourire étira ses lèvres. Sabrina crut voir la célèbre moue d'Elvis.

— N'en fais pas trop quand même ! chuchota-t-elle entre ses dents.

Cette fois, la voix de velours retentit dans le supermarché. Et une chose incroyable se produisit. Les clients accoururent de toutes parts, attirés par ce timbre envoûtant. Quelques femmes qui devaient avoir quinze ans en pleine gloire du King. Des jeunes gens et des étudiantes fascinées restaient plantés devant Harvey, bouche bée. Tous étaient complètement sous le charme. Quand Harvey eut terminé, un tonnerre d'applaudissements et de cris fusa de partout.

— Une autre ! Une autre ! criait le public surchauffé.

M. Beasley les calma d'un geste de la main. La chorale entonna une autre chanson d'Elvis. Sabrina était si fière de son ami !

« Harvey, tu mérites un autre baiser ! » promit-elle intérieurement.

Mais une fois le morceau fini, les filles surexcitées se précipitèrent sur lui. Des adoratrices se jetaient pratiquement sur l'estrade. Impossible de rejoindre Harvey encerclé par des grappes de fans !

« Quelle horreur ! » se dit Sabrina en frissonnant.

Elle plaqua ses mains sur ses oreilles pour ne plus entendre les cris perçants.

« Je me demande si mon sort n'est pas un cadeau empoisonné ! » songea-t-elle, consternée.

11

Apitoiement, blues et humeur grincheuse !

Zelda et Hilda se tenaient côte à côte sur le seuil de la chambre de Sabrina. Elles semblaient très déterminées et extrêmement sûres d'elles !

« Oh, oh, se dit Sabrina, que veulent-elles ? Une fille mi-sorcière mi-humaine n'a aucune chance contre deux sorcières Spellman âgées de centaines d'années ! »

— Nous voudrions savoir ce qui ne va pas ! déclara Zelda d'un ton sans réplique.

— Et pas de faux-fuyants, s'il te plaît ! ajouta tout aussi fermement Hilda.

— Je vous donne une liste détaillée ? plaisanta la jeune fille.

— Sabrina ! avertit Zelda.

« Papa est trop malade pour passer Noël avec moi. Jenny est occupée du matin au soir à jouer les elfes ! Et Harvey commence une carrière de rock star ! Voilà ce qui ne va pas ! » songea-t-elle.

Ses tantes la regardaient bouche bée.

— Quoi ? s'étonna-t-elle. Je n'ai encore rien dit !

Crash !

— C'était quoi, ce bruit ? s'inquiéta Sabrina.

Un éclair venait de zébrer la masse nuageuse noire qui s'était développée derrière sa tête et que, bien sûr, elle ne pouvait pas voir.

— Oh, mon Dieu ! s'écria Zelda. Ceci est très sérieux. Nuages cumulonimbus en vue !

Zelda tendit la main vers sa nièce. Un immense thermomètre jaillit au bout de ses doigts. Sabrina, éberluée, voulut ouvrir la bouche. À peine eut-elle le temps de protester !

— Hé !

— Silence, Sabrina !

Zelda appuya sa main sur le front de sa nièce. Hilda s'empara de son poignet et, le nez sur sa montre, attendit soixante secondes et...

Ping !

Le thermomètre géant tinta comme un réveille-matin.

— C'est bien ce que je pensais, marmonna Zelda en le retirant.

— Qu'est-ce que j'ai ? La fièvre ? Le rhume bleu ? demanda Sabrina, affolée.

Zelda consulta le thermomètre avant de répondre :

— Mauvais cas d'apitoiement sur soi-même. Blues des vacances de fin d'année doublé d'humeur grincheuse.

— Drôle de thermomètre ! Il est fiable ? bougonna la jeune sorcière, vexée.

— Elle a besoin d'un médecin, déclara Hilda.

— D'un médecin-sorcier, précisa Zelda.

Elles claquèrent des doigts en même temps en articulant en chœur : Un-médecin-comme-ça !

Sabrina se retrouva assise sur une affreuse

chaise en plastique orange dans une salle d'attente aux murs couleur céleri. La pièce ressemblait à celle de n'importe quel cabinet médical mis à part la présence d'un minuscule gnome rose qui servait de réceptionniste.

— Le Dr Fixit va vous recevoir, annonça-t-il.

— Euh, Sabrina... Le Dr Fixit est super mais il a... disons... quelques..., hésita Zelda.

— ... manies, enchaîna Hilda. Ne te laisse pas impressionner. De toute façon, nous t'accompagnons.

Le Dr Fixit l'examina en tournant autour d'elle et en marmonnant « hum hum hum » sans fin. Il se caressa le menton, fonça à son bureau, écrivit quelques mots puis lui tendit l'ordonnance.

— Suivant ! cria-t-il en les poussant toutes les trois vers la sortie.

Zelda mit ses lunettes pour lire la prescription :

— Aaah ! Excellent !

— Fais voir ! s'écria sa sœur en lui arrachant la feuille des mains. Hourra ! Top génial !

— Quoi ? Dites-moi ! supplia Sabrina.

— Tu souffres d'un « Mauvais cas d'apitoiement sur soi-même. Blues des vacances de fin d'année doublé d'humeur grincheuse ».

— Ce qu'on savait déjà ! fit observer Sabrina. Quelle écriture de cochon ! On n'arrive même pas à lire l'ordonnance. On dirait des palmiers.

— Bien vu ! Ce *sont* des palmiers ! approuva Zelda. Il les recommande pour oublier les sapins de Noël.

— Le traitement qu'il prescrit est le suivant : trois gouttes de bonheur par jour et direction Hawaii sur-le-champ ! lança Hilda en trépignant de joie.

Elles y furent en soixante-douze secondes environ – *via* le placard du premier étage de leur maison qui séparait le monde normal du cosmos.

Elles se prélassaient sur une plage dorée, sous un soleil magnifique que rafraîchissait une douce brise tropicale. Sous les palmiers et tout près de leur hôtel rose. Zelda, en lunettes de star hollywoodienne et enduite de crème de protection solaire indice 45, parcourait un magazine. Hilda s'exposait au soleil sans crainte, le corps luisant d'huile, tendant même un miroir réflecteur pour capter le plus de rayons possible.

— Tu ne viendras pas te plaindre dans deux cents ans, quand ta peau sera prématurément abîmée par un bronzage effréné, jeta Zelda d'un ton acerbe.

— Oh, laisse tomber ! On s'en fiche ! Vivons l'instant présent ! On n'est jeune qu'une fois !

Sabrina ferma les yeux en s'allongeant sur son transat. Tout était parfait. La musique hawaiienne. La vue sublime. Son nouveau et superbe bikini, exactement de la couleur de ses yeux. Libby aurait été verte de jalousie.

Elle but une gorgée de sa boisson rose bonbon et soupira de contentement.

« Tout est parfait », se répéta-t-elle.

Le soleil ? Génial. Le sable ? Génial. Le paysage ? Génial. Le bronzage ? Génial.

Oui, mais la neige ?

Sabrina ouvrit aussitôt les paupières. Comment ça, la neige ? Incroyable ! Elle était là, allongée au soleil dans un décor paradisiaque, et elle rêvait de neige ! Le malheur fut qu'elle songea aussi à Noël. Les chocolats chauds, les illuminations dans les rues et les cadeaux. Les gants en laine. Transpirer dans un bikini au soleil en décembre ! Quelle idée !

Elle imagina Harvey, marchant seul dans une rue enneigée, son manteau bleu boutonné jusqu'au cou, les joues rosies par le froid, de petits flocons accrochés à ses cheveux...

La voix de Hilda la tira de son rêve éveillé :

— Peut-on savoir à quoi tu penses ?

— Je suis désolée, Tante Hilda et Tante Zelda, cet endroit est merveilleux mais... enfin, quand est-ce qu'on rentre parce que...

— ... parce que Harvey te manque ! finirent-elles en même temps.

— Comment le savez-vous ?

— On lit sur ton visage à livre ouvert, affirma Zelda.

— Et là-haut aussi, ajouta malicieusement Hilda en levant le doigt.

Sabrina sursauta violemment. Quelques

petits nuages flottaient les uns à la suite des autres dans le ciel azur. Et ils traçaient un mot... Non ! Si ! On ne pouvait pas le louper ! HARVEY, écrivaient-ils en lettres blanches sur fond bleu.

— Oh, mon Dieu ! J'ai fait ça ? balbutia-t-elle. La honte ! Tout le monde va le voir !

— Rassure-toi, intervint Zelda. Personne ne vous connaît ici, ni toi, ni Harvey.

Sabrina farfouilla dans le petit sachet contenant les comprimés appelés gouttes de bonheur prescrits par le Dr Fixit.

— J'ai remarqué que ça m'aidait, confia-t-elle à ses tantes. Qu'est-ce qu'il y a dedans, au fait ?

— Du chocolat, révéla Hilda.

Sabrina éclata de rire :

— Alors, ça ne m'étonne plus !

12

Y a-t-il un message pour moi ?

Le soir même, elles étaient de retour dans leur bonne vieille maison victorienne. Et le lendemain, c'était le jour préféré de Sabrina. Le 24 décembre ! Elle rêvait de la soirée qu'elle et Harvey...

« Enfin, si ses fans le laissent souffler une minute ! pensa-t-elle. En tout cas, fini Hawaii ! C'est déjà ça ! » se consola-t-elle.

Sabrina déposa son sac dans le salon en soupirant de soulagement. Salem, confortablement installé sur le canapé, buvait du chocolat chaud en reniflant devant la dernière scène de *La vie est belle !*

— Je ne pppleure pas, prétendit-il, j'ai une ppppoussière dans l'œil.

— Devine quoi, Salem ? Je t'ai rapporté un cadeau !

Elle agita sous son nez une petite figurine d'Hawaiienne en plastique rose qui jouait de l'ukulélé.

— Je n'ai pas exactement commandé une Hawaiienne miniature en plastique, mais grandeur nature et en chair et en os ! riposta-t-il, dépité.

— Désolée, j'ai fait de mon mieux. Il y a eu des appels pour moi ? s'enquit-elle, l'air de rien.

— Aucun.

Sabrina sentit son blues, son apitoiement et son humeur grincheuse la reprendre.

— Ah, si ! fit alors Salem.

— Qui ?

« Sabrina est sur le qui-vive ! » devina le chat. Il prit tout son temps en tripotant ses moustaches :

— Voyons... Je crois que... peut-être... ah, non, plutôt Machin... comment s'appelle-t-il déjà ?... À moins que...

— Salem !

— Un certain... Harry. Non, plutôt

Harvey ! Est-ce possible ? Connais-tu un Harvey ?

— Oh, toi ! s'exclama-t-elle en l'attrapant dans ses bras. Je vais te chatouiller jusqu'à ce que tu demandes pardon de me faire tourner en bourrique !

— Tu peux toujours essayer ! Les chats ne sont pas chatouilleux.

— On va voir !

— Non ! Non ! Ah ah ah ah ah... Non... Je te dis son message... ah ah ah, si tu me reposes par terre.

Sabrina s'exécuta.

— À condition que tu me promettes de ne jamais révéler à personne que tu as réussi à chatouiller un chat ! implora-t-il. Si le bruit se répand, je risque d'avoir de graves ennuis avec toute mon espèce.

— Marché conclu. Alors, ce message ?

— Tu lui manques, il est désolé d'être si occupé et il t'attend à la fin du concert du 24 décembre au centre commercial. C'est-à-dire demain soir.

« Zut ! pensa Sabrina, très déçue. Seulement à la fin du concert ! Moi qui croyais qu'on passerait toute la soirée ensemble ! »

13

Mauvais début de soirée !

Le 24 décembre, Sabrina joua au Scrabble avec Salem qui trichait quand il ne mentait pas, ou, pire, les deux à la fois. Par-dessus le marché, il parlait sans cesse pour déconcentrer Sabrina. Elle le surveilla pendant qu'il composait un mot compte triple.

— Salem ! Ce mot n'existe pas !

— Chez les chats, si ! Vraiment, quelle ignorante tu fais !

— Vivement mon rendez-vous avec Harvey ! gémit Sabrina. Parce que je ne survivrai pas à cette journée avec Salem Saberhagen, prince du Scrabble.

— Salem Saberhagen, *empereur* du Scrabble ! corrigea-t-il.

— Je rêve !

Lorsque Sabrina arriva au centre commercial pour le concert, elle crut rêver aussi. Libby faisait un grand discours sur l'estrade :

— Nous avons consacré tant et tant d'heures à nos orphelins, disait-elle d'un ton vibrant d'émotion. Leur arbre de vœux se trouve juste dans l'allée voisine. Plongez au fond de votre cœur et de votre portefeuille et examinez-les. Je suis sûre que vous aurez la générosité d'acheter un jouet à un pauvre orphelin. Pensez à quel point votre Noël sera heureux parce que vous aurez donné une petite pièce à un être moins chanceux que vous. Vous vous sentirez tellement mieux !

« Et les enfants ? songea Sabrina. Elle ne parle pas du tout d'eux. Elle nous invite simplement à soulager nos consciences. Écœurant. »

Le public applaudit modérément lorsque

Libby eut fini. Elle ouvrit à nouveau la bouche.

— Merci, Libby, la coupa M. Beasley. Maintenant, notre spectacle va commencer. Avec un invité-surprise dans quelques minutes.

Une fille au premier rang poussa un cri de joie. M. Beasley rit avant de poursuivre :

— Restez avec nous, mesdemoiselles, mesdames et messieurs, car je vous promets un solo décapant à la fin.

Sabrina attendit patiemment que la série des chants de Noël s'achève. Elle constata avec étonnement qu'elle les aimait bien. Mais lorsque ce fut le tour d'Harvey, son cœur se mit à palpiter. Un spot bleu éclaira le visage du jeune homme. Il s'empara du micro et chanta *Blue Christmas* avec enthousiasme. Quand il eut fini, les spectatrices furent au bord de l'hystérie.

— Encore !

— Une autre !

Tout le monde suppliait qu'il chante à nouveau. Harvey se lança alors dans des versions rock des chants de Noël ! Une ovation, des cris et des bravos le saluèrent !

Quand il reprit *Silent Night*, la voix sexy d'Elvis suscita un véritable délire dans le centre commercial. On se précipitait sur l'estrade. Une fille se jeta dans les bras d'Harvey. Une autre tenta de lui arracher sa chemise. La cacophonie était terrible. Sabrina eut peur qu'il y ait une émeute.

« Impossible de l'approcher ! » constata-t-elle.

Elle renonça à jouer des coudes et à écraser des pieds pour le rejoindre.

— Harvey ! Je suis là ! hurla-t-elle. Par ici ! s'époumona-t-elle.

L'ennui, c'est que des dizaines de filles criaient la même chose !

14

L'elfe numéro un du Père Noël

— J'ai créé une bête de scène ! Ou plutôt un monstre ! gémit Sabrina en errant à travers le centre commercial.

Au cours de sa balade elle aperçut Jenny, assise par terre, le visage dans les mains. Non loin d'elle, une pancarte posée devant le sapin des orphelins annonçait :

Désolé, le Père Noël nourrit ses rennes.
De retour dans dix minutes.

— Hé, l'elfe ! Tu viens manger une pizza au poivron vert avec moi ? proposa Sabrina.

— Je ne peux pas. Tu-sais-qui a encore fichu le camp. Le concert était bien ? J'ai entendu des hurlements et des cris ! J'étais très inquiète.

— Les fans d'Harvey *sont* inquiétants ! soupira la jeune sorcière. J'ai bien peur qu'on ne le voie plus beaucoup. À mon avis, il signe un contrat à Hollywood avant la fin des vacances.

— Ça ne m'étonnerait pas ! Il a vraiment la voix d'Elvis ! Dingue ! Qui aurait pu savoir que derrière notre gentil et timide Harvey se cachait une rock star ?

— J'en connais au moins une, marmonna Sabrina, perdue dans ses pensées.

Leur soirée était sans doute annulée. Il avait sûrement oublié... de toute façon, il n'avait plus une minute à lui ! Elle avait peut-être une chance de le voir après le second concert, juste avant la fermeture. Qu'allait-elle faire de son 24 décembre ?

— Ce que j'ai mal aux pieds ! gémit Jenny en montrant un soulier pointu au bout incurvé comme ceux des lutins dans les contes de fées. La pointure est une demi-taille trop petite. D'accord, je vais gagner un peu d'argent mais, tout à coup, je te jure que j'enverrais bien tout balader. J'aimerais tellement être au dîner de famille chez moi !

Sabrina la regarda fixement. Elle ne rêvait ni de dinde ni de la visite de son arrière-grand-mère. Autant sauver la soirée de Jenny ! Son amie le méritait.

— Bon, l'elfe ! Ça suffit ! Donne-moi ton ridicule bonnet à grelots !

— Quoi ?

— Et tes chaussures trop petites ! Ton affreuse jupe verte ainsi que tes collants assortis !

— Mais qu'est-ce qui te prend ? demanda Jenny.

— Programme du 24 décembre de dernière minute ! Tu vas dîner avec ton arrière-grand-mère et moi je m'humilie à jouer les elfes ! Je me dévoue ! Allez, file !

— Ce ne serait pas juste ! Je ne peux pas te laisser...

— Si, tu peux ! Et tu vas le faire ! Je n'ai aucune réunion de famille... Je devrais retrouver Harvey quand le centre commercial fermera mais je n'en suis même pas sûre. Et ne discute pas, Jenny, parce que c'est mon cadeau de Noël. Tu serais très impolie de refuser et je le répéterai à ton arrière-grand-mère.

— Hou, là, là ! J'accepte !

Elle sourit jusqu'aux oreilles avant d'ajouter :

— Comment te remercier ?

— Laisse-moi quelques jours, je trouverai bien ! plaisanta Sabrina. Allons vite aux toilettes, que je puisse me changer.

— Ne t'affole pas ! Nous ne sommes pas pressées ! Nous avons bien quelques minutes. Le temps que le Père Noël indigne revienne du bistrot ! ajouta Jenny gaiement.

Dix minutes plus tard, Sabrina « l'elfe-qui-avait-mal-aux-pieds » était à son poste. Elle piocha dans la réserve de sucres d'orge de Jenny et s'installa près du traîneau du Père Noël. Derrière un cordon rouge, une file de gamins impatients attendaient leur idole. Sabrina fronça les sourcils.

« Où est le Père Noël, d'ailleurs ? » se demanda-t-elle en faisant un tour complet sur elle-même.

Elle se précipita devant la grappe d'enfants

agités qu'une femme en rouge calmait à grand-peine.

— Salut, les enfants ! Je suis l'elfe !

— On s'en fiche ! On veut le Père Noël ! exigea un petit garçon en parka bleue.

— Dylan ! le reprit la femme. Tu n'es pas très gentil.

— Il arrive, promit Sabrina. Je te le jure.

— L'autre elfe disait ça aussi, maugréa Dylan. Et maintenant elle a disparu !

— Je suis sa sœur, expliqua-t-elle. On se partage le travail.

— Même pas vrai ! Vous vous ressemblez pas du tout, remarqua le garçonnet.

Leur accompagnatrice, Mme Simmons, s'inquiéta :

— Nous sommes en avance sur l'horaire ? Je ne l'ai pas encore vu... Le Père Noël n'est pas là ?

— Pas du tout. Vous êtes à l'heure. C'est lui qui est en retard.

— Il est où ? lança le plus grand des enfants. Il prend son bain ?

— Il est parti nourrir les rennes, prétendit Sabrina en montrant la pancarte.

— Y a pas de rennes ! glapit Dylan. Parce que le Père Noël n'existe...

Sabrina lui fourra une sucette dans la bouche.

— Silence, Dylan, chuchota-t-elle. Ne gâche pas la fête des plus petits.

Elle prit le grand panier rempli de sucettes au pied du traîneau en jetant des regards angoissés autour d'elle.

— Père Noël ! Rapplique, s'il te plaît ! supplia-t-elle entre ses dents.

15

Jeune sorcière cherche désespérément Père Noël !

Pas de Père Noël en vue ! Sabrina n'aperçut que Hunter Chase, le reporter de la cinquième chaîne, qui arrivait à toutes jambes avec son cameraman. Il pila net devant elle.

— Salut, je suis Hunter Chase de la cinquième ! se présenta-t-il avec un sourire mielleux. Nous cherchons un Noël qui mette la gomme ! Un truc touchant pour notre flash de cinq heures ! J'ai cru comprendre qu'il y avait un paquet d'orphelins qui avaient rendez-vous ici...

— Ne les appelez pas ainsi ! protesta Sabrina, outrée. Ils vont vous entendre. Je ne veux pas qu'ils aient de la peine.

— Ouais, sauf que c'est bien ce qu'ils sont, non ? Des orphelins !

— Non. Ce sont des enfants privés de leurs parents.

Hunter Chase haussa les épaules :

— Comme vous voudrez, ma puce. Je vais les filmer au pied de l'arbre. Que mes téléspectateurs aient leur dose de larmes pour se mettre en appétit avant de manger leur dinde.

Il bâilla puis scruta le traîneau.

— Où est le type qui joue le Père Noël ?

— Chut ! Taisez-vous ! Il fait une pause.

— Ouais, je vois le genre, ricana le journaliste. Il s'envoie une petite bière au bistrot, pas vrai, Elfie ?

Sabrina se retint de lui sauter à la gorge.

— Il revient dans une minute, prétendit-elle avec son sourire le plus poli. Et mon nom n'est pas Elfie.

— Peu importe. Mais bougez-vous. Je n'ai pas un bon angle pour la caméra. Vous me bouchez la vue.

M. Humbert déboula en trombe à cet instant :

— Hunter ! Je suis si content de vous

voir. Quel plaisir, vraiment ! Et quel honneur ! Un aussi grand journaliste que Hunter Chase dans mon magasin ! Avez-vous reçu les bons d'achat ?

— Oui, oui. Bon, je m'installe dans un coin pour régler les détails techniques.

Le sourire de M. Humbert s'évanouit lorsqu'il se pencha vers Sabrina :

— Où est Thompkins ?

— Qui ?

— Le type qui joue le Père Noël.

— Pause casse-croûte. Je ne voudrais pas vous affoler mais apparemment il s'agit d'une très longue pause.

— Oh, mon Dieu ! J'en étais sûr. Je ne lui ai jamais fait confiance, j'avais un doute depuis le début. Que va-t-on devenir ? demanda-t-il, très inquiet.

Hunter Chase revint vers eux, un grand sourire aux lèvres :

— J'ai un titre du tonnerre. « Des orphelins livrés à eux-mêmes pendant que le Père Noël se fait la malle ! » Hé ! Dépêche-toi ! s'agita-t-il en s'adressant à son cameraman. Y a un gosse qui chiale, là, filme-le en gros plan !

— Belle mentalité, Hunter ! grommela M. Humbert, écœuré. Écoutez-moi, jeune fille, vous...

Soudain il s'arrêta net :

— Vous n'êtes pas mon elfe habituel !

— Oui, oui, je sais. Jenny est tombée malade et je la remplace et je vous promets que les chaussures sont à la bonne taille et...

— Peu importe ! Je ne veux pas le savoir ! coupa M. Humbert. J'ai des tonnes d'ennuis sur les bras. J'ai pratiquement eu une émeute à cause de la chorale et voilà que Thompkins disparaît. Alors, qui que vous soyez, vous remettrez leurs cadeaux à ces pauvres gosses. On les a rangés dans un gros sac à l'intérieur du traîneau. Compris ?

— Quoi ? Ça ne marchera jamais ! Ils attendent que le Père Noël les leur offre !

— Je sais. Expliquez-leur qu'il est parti en urgence au pôle Nord. Ou qu'il répare des jouets cassés. Débrouillez-vous ! Mais rendez-leur le sourire, par pitié ! Exécution !

Sabrina respira un bon coup. Elle s'approcha des enfants en prenant une mine réjouie.

— J'ai une annonce à faire. En tant que elfe numéro un du Père Noël, je...

Un garçon leva les yeux au ciel et soupira :

— Tu ne ressembles pas du tout à un elfe !

— Les elfes sont des garçons, déclara un autre.

— Et ils sont petits, ajouta une fillette.

— Pas du tout ! la détrompa Sabrina. Ils sont comme les êtres humains. Petits, moyens, grands, gros, minces. Il y en a de toutes les tailles. Figurez-vous que je suis en mission. Le Père Noël se prépare pour sa tournée des cheminées de cette nuit. Vous savez ce qui se passera à minuit ?

— Hunter Chase ira se coucher ! ricana le journaliste à proximité.

La jeune sorcière lui lança un regard assassin.

— Le Père Noël, reprit-elle, vole dans les airs avec son attelage de rennes à minuit pile. Il livre leurs jouets aux enfants qui attendent sagement chez eux.

— Ça ne risque pas de nous arriver, soupira Dylan. Nous n'avons pas de maison.

Sabrina ne sut que répondre. D'autres jouets les attendraient-ils au pied de leur sapin à l'orphelinat ? Ou n'auraient-ils que ceux récoltés par le supermarché ? Désemparée, elle se tourna vers l'accompagnatrice. Jane Simmons consolait un enfant qui avait perdu sa sucette et qui pleurait à chaudes larmes.

Sabrina ressentit soudain une grande honte.

Elle avait passé sa semaine à se plaindre.

Elle avait gémi sur son sort, allongée sur une plage à Hawaii.

Elle avait zappé des tas de cadeaux merveilleux dans sa chambre.

Enfant, elle avait pourtant eu sa part. Ses parents – même s'ils étaient maintenant séparés – l'avaient entourée d'affection et de tendresse. Chaque année, elle recevait des preuves de leur amour.

Les orphelins, eux, n'avaient jamais rien connu de tel.

— Alors, Elfie ? Et la remise des cadeaux ? s'impatienta Hunter Chase.

— Une seconde, fit Sabrina.

Elle se précipita vers le traîneau. Les

jouets sont dedans, avait dit M. Humbert. Sauf qu'elle ne voyait rien du tout ! Pas de peluches. Aucune poupée. Ni de ballons. Pas même une misérable sucette.

Sabrina fouilla partout. À genoux, les mains tremblantes, elle farfouilla parmi les coussins. Rien !

16

De pire en pire !

— Au secours ! murmura Sabrina, la gorge serrée.

Elle se précipita vers les enfants. Ils la regardaient tous, les yeux brillants comme des étoiles, aussi impatients les uns que les autres.

— Petit contretemps, les amis ! Il semblerait que le Père Noël ait emmené les cadeaux avec lui. Il ne fait confiance à personne ! Pas même à son elfe numéro un ! plaisanta-t-elle.

Les visages s'attristèrent aussitôt. Les enfants ne croyaient bien sûr pas un mot de son excuse. Jane Simmons secoua la tête. La pauvre semblait aussi triste que les petits.

« Quel cauchemar ! Ça ne peut pas être pire ! » pensa Sabrina, épouvantée.

Hunter Chase recoiffa son impeccable chevelure blonde. Micro en main, il se glissa parmi les gamins dépités tandis que le cameraman les filmait.

— En direct du centre commercial de Westbridge où un coup de théâtre vient de se produire, déclara-t-il.

— Oh, non, pitié ! Ne leur faites pas ça ! supplia Sabrina qui devinait le genre de scoop du journaliste.

— ... Je me trouve en ce moment même en compagnie des orphelins. Ils ne sont arrivés ici que ce soir. Les pauvres ont attendu dans le froid et la neige que leur bus tombé en panne, puis réparé, les achemine enfin au centre commercial. Ils sont là, patientant sagement pour que quelques cadeaux leur soient offerts. Regardez, chers téléspectateurs, ces adorables visages !

Dylan et ses camarades s'empressèrent de faire des grimaces ou d'agiter joyeusement la main.

— ... Ces délicieux petits privés de parents. N'est-ce pas malheureux ? poursuivit Hunter sans sourciller. Ils sont là ! Avec leur seul et unique rêve : rencontrer le Père Noël...

Hunter marqua une pause et prit un air chagriné en regardant la caméra :

— ... Et voilà que le malheur s'abat à nouveau sur eux. En cette veille de Noël, le mauvais sort s'acharne ! Nous venons d'apprendre qu'on a volé les cadeaux des orphelins ! annonça-t-il d'un ton dramatique.

17

Un Père Noël dans le placard !

— Quel type de rat, quel genre de sale type oserait voler des cadeaux destinés à des déshérités ? s'exclama Hunter d'une voix tremblante d'émotion.

Sabrina savait qu'il n'était pas sincère. Il se fichait pas mal des enfants. Il avait beau s'indigner, au fond de lui, il était ravi du scoop de la soirée.

— Mesdemoiselles, mesdames et messieurs, poursuivit-il, voici le pire Noël que j'aie eu à couvrir de toute ma carrière !

Il s'approcha ensuite de Sabrina qui recula d'un pas. Trop tard ! Il l'avait agrippée par le bras.

— Je vous présente Elfie, l'assistante du

Père Noël. Dites-nous, chère Elfie, où est donc passé votre chef ?

— Je... Enfin... Il... il fait une... une... pause ! bredouilla la jeune fille.

— On sait ! On sait ! Il nourrit ses rennes ! N'est-ce pas ce que vous racontez aux enfants ? rebondit Hunter d'un air dégoûté. Sérieusement, Elfie, comment avez-vous pu laisser une horreur pareille arriver ? Le soir de Noël ! Vous restez sans réaction alors qu'on vole les cadeaux des orphelins ! Quelle décontraction !

Le cameraman fit un zoom avant sur Sabrina. Hébétée, elle fixa la caméra et se retint de hurler : « C'est de ma faute ! Tout est de ma faute ! »

Dylan s'avança alors vers la jeune sorcière :

— Tu vois ? Je te l'avais bien dit ! Le Père Noël n'existe pas !

Une fillette nommée Alina rejoignit le trio. Sa bouche trembla, des larmes perlèrent à ses paupières puis elle éclata en sanglots.

Bien sûr, Hunter Chase et son cameraman n'avaient pas perdu une miette de la scène. Ils filmaient pour leur direct !

Un enfant au visage défait s'agrippa à Jane Simmons :

— Est-ce qu'on va rentrer maintenant ? Je suis fatigué, tu sais.

Sabrina retrouva ses esprits en entendant cette voix si déçue. Décidée à arranger les choses, elle s'empara du panier de bonbons.

— Personne ne bouge ! La fête n'est pas finie ! Écoutez-moi tous. Je vous offre des tas de sucettes... Pour que vous patientiez agréablement. Je reviens dans quelques minutes.

— Tu rentres chez toi ? Tu nous laisses tomber, toi aussi ? marmonna Dylan.

— Non. Je vais vous chercher le Père Noël, répliqua-t-elle d'un ton ferme.

Sabrina se rua sur la première cabine téléphonique qu'elle trouva.

— Allô ? Tante Hilda ? Vite ! J'ai besoin d'aide. Il me faut un Père Noël de toute urgence.

— C'est une blague ? Ou une devinette ? s'esclaffa Hilda.

— Non, non, je suis très sérieuse. Je n'ai pas le temps d'entrer dans les détails. Sache juste que le centre commercial a engagé un Père Noël qui a fichu le camp Dieu sait où !

— Quoi ? Un 24 décembre sans Père Noël ? Quelle horreur pour les enfants !

— Allô ? Sabrina ? Que se passe-t-il ? Tu vas bien ? fit alors une autre voix.

Zelda avait décroché le second téléphone de la maison.

— Oui, ne t'inquiète pas. Je dois mettre la main sur le Père Noël qui a disparu. Ou dénicher un remplaçant. Et en quatrième vitesse.

— Tu as quelque chose qui lui ait appartenu ? Un gant ? Une boucle de cheveux ? s'informa Zelda.

— Non.

— Il n'y a plus qu'une solution, déclara alors Zelda.

— Laquelle ? fit Sabrina, le cœur battant.

— Sers-toi de tes pieds !

— Pardon ?

— Cavale dans tout le supermarché. Dans le moindre recoin. Inspecte toutes les cabines d'essayage. Il est sûrement quelque part.

— C'est ça, et j'y suis encore l'année prochaine.

— À moins que..., hésita Zelda.

— À moins que... ? reprit Sabrina, pleine d'espoir.

— Tiens le téléphone tout contre tes chaussures. Nous t'envoyons un sort pour t'aider.

Sabrina s'exécuta en soupirant, priant de toutes ses forces pour que personne ne l'aperçoive.

— Un, deux, trois... et que le Père Noël soit au bout de tes pas ! récitèrent les sœurs Spellman.

Sabrina sentit une petite étincelle au bout de ses souliers d'elfe. Elle se laissa guider par la légère impulsion qui commandait ses pieds. Quelques instants plus tard, ses jambes s'immobilisèrent dans un immense couloir, pile devant un placard à balais.

— Je suppose que nous y sommes, murmura-t-elle, les pieds comme collés au sol.

Elle essaya de l'ouvrir mais rien n'y fit.

Le doigt pointé, elle zappa la serrure, qui céda. Le panneau s'ouvrit en grand. Le Père Noël gisait au fond du placard, un chiffon fourré dans la bouche !

— Quelle horreur ! s'écria-t-elle en enlevant aussitôt le chiffon.

— Merci, ma petite, dit l'homme d'une voix chevrotante mais douce.

Sabrina le regarda. Il ne ressemblait pas du tout à l'individu décrit par Jenny. Ses yeux bleus n'étaient pas injectés de sang. Au contraire, ils brillaient de malice. Et sa barbe était d'une blancheur de neige.

— Que s'est-il passé ? Je n'ai pas l'impression que vous soyez M. Thompkins !

— En effet, avoua-t-il. Tout est de ma faute ! ajouta-t-il, plutôt embarrassé. M. Thompkins, embauché à l'origine par le magasin, était... enfin... un peu... malade au bar.

« Ivre mort », traduisit Sabrina pour elle-même.

— Alors je me suis proposé pour le remplacer.

— Continuez, fit-elle, hypnotisée par sa belle barbe blanche.

— J'écoutais le solo de Harvey – excellent, du reste, on aurait vraiment dit Elvis en personne – quand deux hommes... aïe !

— Excusez-moi, bafouilla Sabrina, toute rouge, votre barbe a l'air si vraie ! J'ai eu envie de tirer dessus pour vérifier. Pardon, je n'ai pas pu résister.

— Oh, ne vous en faites pas, j'ai l'habitude. Tout le monde fait ça. Bon, je disais que j'étais au concert de Harvey quand deux hommes se sont approchés de moi. Un grand maigre et un petit gros.

Sabrina faillit l'interrompre : comment diable connaissait-il le nom de Harvey ?

« Plus tard ! Le temps presse ! Les enfants attendent ! » se ravisa-t-elle.

— ... Ces types portaient l'uniforme des agents de sécurité, ils m'ont demandé un coup de main. Je ne me suis pas méfié et je les ai suivis, poursuivit le Père Noël, dégoûté. Ils me sont tombés dessus et m'ont enfermé ici.

— Mais pourquoi ? s'étonna-t-elle.

Le vieil homme haussa un sourcil neigeux :

— Vous ne devinez pas ?

— Je crois que si ! Pour voler les jouets des orphelins ! acheva Sabrina lentement.

— Quoi ? Ils ont réussi ? Quelle honte ! Oh, mon Dieu ! Qu'allons-nous faire ?

— Croyons très fort à l'esprit de Noël ! Croisons les doigts et espérons un miracle !

18

De si jolis vœux...

Arrivée devant le traîneau, Sabrina saisit d'un coup d'œil la situation. Ils étaient au bord de la catastrophe ! Les enfants attendaient encore mais sans y croire vraiment. La petite Alina était toujours en larmes. Les autres semblaient si tristes !

Mme Simmons la regardait, désespérée que le joli voyage ait tourné au désastre.

Dylan la contemplait aussi. Sabrina en eut le cœur retourné. Ses yeux étaient ceux d'un chien battu. Comme habitués à ce que la vie ne leur réserve aucune bonne surprise, ni de belles choses à voir.

— Ne bougez pas ! chuchota Sabrina au

Père Noël resté un peu en retrait. J'ai une idée !

— Oui, mais j'ai triché. Je devrais peut-être m'expliquer auprès de la direction...

— Pas maintenant. Le plus important, ce sont les enfants. Eux d'abord !

— Vous êtes vraiment une fille adorable. Je vous remercie de...

— Plus tard. Restez ici. Je me débrouille pour vous remettre une cargaison de jouets. Et croyez-moi, je ne vais pas traîner !

Le vieil homme sourit :

— Je vous fais confiance.

Sabrina respira une bonne fois et zap ! Tout le magasin fut figé dans le temps. Personne ne bougea plus. Elle courut vers les enfants immobiles. En claquant des doigts, elle fit apparaître une longue feuille blanche. Celle-ci flottait dans les airs ainsi qu'une plume et un encrier. La jeune sorcière effleura doucement la tête de chacun des petits orphelins en murmurant :

Camions, poupées, peluches et jeux,
Qu'on me révèle chacun de leurs vœux.

La plume s'activa et inscrivit au fur et à mesure les cadeaux dont ils rêvaient.

Elle fut étonnée de leurs désirs secrets. Car ils ne réclamaient ni poupée sophistiquée ni jeux vidéo dernier cri. Ils voulaient des choses qu'on ne peut acheter : « J'aimerais que quelqu'un m'adopte pour que j'aie une maison. »

« J'aimerais une poupée – pas trop chère, pas trop belle – à qui je ferais des bisous et qui saurait tous mes secrets. »

« J'aimerais que Mme Whitefelder, la cuisinière de l'orphelinat, prenne des cours pour qu'on mange mieux. J'aimerais avoir un papa et une maman... »

La gorge de Sabrina se serra. Elle les comprenait si bien ! Elle était de tout cœur avec eux. La différence était que, elle, elle reverrait ses parents tôt ou tard. Alors que Dylan et ses copains les avaient perdus, à tout jamais...

19

Sabrina, sorcière... et dinde de Noël !

— Je ne vois plus qu'une seule solution ! soupira Sabrina.

Elle s'approcha d'un homme de ménage et lui faucha son balai-serpillière.

— Je vous le rapporte tout de suite ! Promis ! expliqua-t-elle à l'homme figé comme une statue.

Elle l'enfourcha en pestant un peu ! Des balais ! C'était bon pour les romans ! Les sorcières utilisaient des engins plus modernes, de nos jours. Des aspirateurs, par exemple !

Sauf qu'elle n'avait pas une minute à perdre.

Trop peu de temps et tant de courses à faire !

En quelques secondes, elle atterrit dans la ville aux Jouets. Ceux-ci n'étaient pas ultra-perfectionnés comme dans le monde réel mais au moins ils avaient une particularité bien à eux. Ils étaient tous fabriqués au pôle Nord !

« C'est parti ! s'encouragea-t-elle en remplissant son grand panier. Du bain moussant pour Mme Simmons. Une poupée de chiffons rouge pour Alina... »

Enfin, elle revint au centre commercial chargée comme dix Pères Noël.

Zap ! Chaque paquet porta une étiquette avec le prénom de l'enfant. Une astuce afin qu'ils s'imaginent que le Père Noël avait personnellement choisi leur cadeau.

Zap ! Quand ils l'ouvriraient, ils auraient le sentiment que quelqu'un leur faisait un gros bisou.

« Il manque encore un petit quelque chose ! songea Sabrina, insatisfaite. J'y suis ! »

Elle tendit la main vers un petit traîneau miniature et zap ! Il se transforma en un attelage grandeur nature guidé par de jolis rennes. Les clochettes à leur cou retentirent à travers le magasin toujours aussi silencieux. Elle admira un instant la beauté des animaux et leur superbe robe dorée puis elle dézappa le centre commercial !

— Sabrina ! s'exclama le Père Noël en la découvrant à ses côtés. Je ne vous ai pas entendue arriver. Vous avez retrouvé les voleurs ?

— Non, mais j'ai rassemblé quelques cadeaux vite fait !

— Ces rennes sont magnifiques ! s'extasia-t-il. Où diable les avez-vous dénichés ?

— Disons que j'ai mes petits secrets, répondit-elle en éludant la question.

Ils grimpèrent tous les deux dans le traîneau. Elle fut étonnée d'entendre le vieil homme s'adresser aux rennes :

— Dasher ! Dancer ! Prancer ! Vixen ! Commet ! Cupid ! Doner ! Blitzen ! J'espère que vous êtes prêts, mes amis !

« Première fois que j'entends quelqu'un

se souvenir des noms des huit rennes ! » s'étonna-t-elle.

Alors qu'ils avançaient vers les enfants, elle ne put s'empêcher de claquer des doigts. Des flocons de neige apparurent. Le Père Noël la regarda avec des yeux ronds.

— Effets spéciaux de fin d'année, expliqua-t-elle.

— Pas mal ! répondit-il sans poser de questions.

Dylan fut le premier à les apercevoir :

— Regardez ! Les voilà !

D'abord stupéfaits, les enfants se mirent aussitôt à rire, à battre des mains et à chanter.

— Tu as remarqué les rennes ? dit Dylan à Alina qui avait séché ses larmes. Ils sont vrais !

Il s'adressa ensuite au Père Noël à voix basse :

— Tu existes ? Tu ne nous as pas oubliés ?

L'homme lui sourit ; ses yeux brillants et sa belle barbe blanche firent le reste.

— Chère Elfie, faites monter ces jeunes gens. Je crois que j'ai quelques petites surprises pour vous, révéla-t-il d'une voix très douce.

« Pour un peu, j'y croirais, moi aussi ! » remarqua Sabrina, enchantée.

Elle descendit et les aida un à un à gagner le traîneau. Le Père Noël prit chacun des enfants sur ses genoux. Il leur remit leur présent et consacra un petit moment à tous.

— Tu sais mon nom ! chuchota Alina timidement.

— Bien sûr ! Je vous connais tous ! Je suis le Père Noël, quand même !

Mme Simmons monta également. Elle reçut son flacon de bain moussant avec plaisir. Le Père Noël ne la prit pas sur ses genoux mais lui fit jurer que le bus ne s'arrêterait pas avant d'arriver à l'orphelinat.

— Surtout pas de fast-food en chemin, s'il vous plaît.

— Ah bon ? Mais c'est ce qui était prévu ! Pourquoi dois-je coucher les enfants sans qu'ils aient dîné ?

— Parce qu'un vrai repas de Noël vous attend à l'orphelinat. Il vous est offert par le comité d'aide aux orphelins du lycée.

— Dans ce cas, vous avez ma parole, promit Mme Simmons.

« Tiens, tiens, songea Sabrina. Est-ce que finalement Libby aurait un cœur caché quelque part ? »

La jeune sorcière s'emplit du bonheur des enfants qui cheminaient vers la sortie. Elle vit les yeux brillants de Dylan, d'Alina qui riait aux éclats. Le garçon déclara alors à sa camarade :

— Tu sais quoi, Alina ? C'est le Noël le plus top de ma vie !

Un peu plus tard, alors que le centre commercial se vidait, M. Humbert, le directeur, félicita Sabrina. Puis ce fut le Père Noël qui la contempla en souriant :

— Merci et bon Noël, Elfie.

— Vous aussi, Père Noël.

Toujours aussi ravie, Sabrina se précipita vers l'estrade de la chorale. Elle avait failli oublier Harvey ! Son dernier concert bouclé, il devait être libre comme l'air ! Hélas, les instruments étaient rangés, les chaises empilées et l'estrade démontée ! Plus de

Harvey, ni d'enfants, ni de Père Noël ! Tout le monde était parti ! Sabrina était seule dans le centre commercial.

— Sabrina Spellman, sorcière et dinde de Noël ! maugréa-t-elle.

20

Sabrina et Salem épinglent les voleurs !

Le magasin sans animations ni clients était carrément déprimant. Pourtant, la jeune fille ne pouvait pas encore rentrer. Il fallait s'occuper des rennes. Elle grimpa dans le traîneau, les mains tendues vers les portes d'entrée afin qu'elles s'ouvrent devant elle. Sabrina sortit dans la nuit à bord de son bel attelage.

« Brr ! Il fait froid. Très froid ! » songea-t-elle.

— *Giddyap !* ordonna la jeune sorcière.

Les huit rennes prirent le chemin de la

maison des Spellman, comme guidés par une main invisible dans la nuit.

« Dieu merci, personne ne me verra ! Les gens sont tous chez eux à cette heure-là ! »

Elle imagina les familles regroupées autour de la table. Les bons plats qui étaient servis. Les enfants, excités, mourant d'envie d'ouvrir leurs cadeaux.

— Maman ! Regarde ! entendit-elle alors.

Un petit garçon planté devant le coffre d'une voiture tirait sa mère par la manche. Bouche bée, il contemplait Sabrina.

« Évidemment, se dit-elle, je suis en costume d'elfe dans un traîneau ! Pas étonnant qu'il me prenne pour une apparition ! »

— Oui, c'est ça, mon chéri, répondit distraitement la mère qui chargeait le coffre. Monte dans la voiture, maintenant. Il est tard et j'ai des tonnes de paquets-cadeaux à préparer.

À l'arrière de la voiture, le garçonnet pressa le nez contre la vitre et agita joyeusement la main. Sabrina lui rendit son salut jusqu'à ce qu'il disparaisse dans la nuit.

« Je me demande si Jenny passe une bonne soirée. Je me demande si Libby est aussi fière de son Noël que de son article. Je me demande si Harvey... »

Elle soupira en levant les yeux vers les étoiles. On aurait dit des diamants incrustés dans le velours noir du ciel nocturne.

— Où que vous soyez, Papa et Maman, je vous souhaite un joyeux Noël, chuchota-t-elle.

Elle crut un instant qu'elle retombait dans l'apitoiement, le blues et l'humeur grincheuse ! Mais pas du tout, découvrit-elle, tout heureuse. Jouer les elfes l'avait beaucoup amusée. Remettre des cadeaux à Dylan et ses camarades aussi. N'était-ce pas son meilleur Noël depuis très longtemps ?

Le traîneau commença à trembler comme s'il était pris d'une quinte de toux. Il rapetissait au fur et à mesure, et les animaux rétrécissaient également.

— La magie s'estompe petit à petit. Descends, Cendrillon, soupira-t-elle.

Le merveilleux attelage redevint en quelques secondes l'adorable jouet auquel elle avait jeté un sort.

— Ça me fera un très beau souvenir, décida-t-elle en le glissant dans sa poche.

Au coin de la rue, un chat miaula à fendre l'âme.

— Salem ! Que fais-tu dehors ? Je croyais que tu détestais marcher dans la neige ?

— Je fais quelques pas pour digérer, répondit-il d'une voix un peu plaintive.

— Tu t'es encore empiffré comme quatre ! Je rêve !

— Pas du tout, protesta-t-il, outré. Je te raconte des histoires ! En fait, Hilda et Zelda s'inquiètent pour toi. Elles m'ont poussé dehors pour que j'aille à ta rencontre. Mais je ne suis sorti que pour les rassurer, elles. Je ne me faisais absolument aucun souci.

Sabrina ne fut pas dupe. Elle s'accroupit et le caressa derrière les oreilles :

— C'est gentil !

— Miaou ! bondit-il. Tu as les mains glacées !

— J'ai prévu de m'acheter des gants.

— Acheter ? Sers-toi de ta cervelle ! Tu me suis ?

— D'accord, fit Sabrina en riant. Je les choisis verts ? Oh, non, je commence à être obsédée par les elfes ! Je crois que j'ai une meilleure idée.

Elle leva les mains à hauteur de son visage. De magnifiques gants noirs bordés de fourrure apparurent.

— Sublime, la complimenta Salem. Hé, Sabrina ! Au secours ! Tu porte de la fourrure ! Ce n'est pas du chat, au moins ?

— Ne t'inquiète pas. Elle est fausse.

— Tu es une chic fille, répondit Salem, rassuré.

Tout en regagnant la maison, elle lui résuma sa soirée mouvementée.

— Les sales bêtes ! s'écria Salem, indigné. Voler les jouets de pauvres enfants ! Jamais, même dans mes pires rêves d'empereur du monde, je n'oserais m'attaquer à des gamins ! ... Ah, au fait, et Harvey ? Où est-il ?

— Il avait d'autres projets, expliqua Sabrina, évasive.

— Sans toi ? s'étonna Salem.

— Je sais, je sais. Il y a eu un contretemps. Peut-on éviter le sujet, s'il te plaît ?

— Désolé. Mais, dis-moi, les voleurs, tu les as attrapés ?

— Non. Ils se sont sans doute enfuis.

— Tu veux dire qu'une *sorcière* a laissé filer des malfrats ?

— Tu as raison ! approuva Sabrina, stupéfaite. Je n'ai rien fait pour les coincer.

— On s'en occupe ?

— D'accord. On va leur donner une bonne leçon !

— Voilà qui est parlé ! s'exclama Salem, tout excité.

Sabrina fit apparaître un plan de la ville dans sa main gauche. Puis un compteur Geiger « modèle anti-escroc » de la taille d'un stylo se glissa entre ses doigts. Elle le bougea dans tous les sens au-dessus de la carte. Enfin il émit une série de bip-bip stridents.

— Rue Bywood, lut Salem. On est tout près. Allons-y !

Ils coururent jusqu'à l'adresse indiquée. À bout de souffle, Sabrina désigna un camion délabré garé dans un recoin.

— Salem ! Je reconnais ce véhicule. Il appartient à deux hommes qui ont essayé de me vendre un sapin tout abîmé la semaine dernière. Je parie un Père Noël que ce sont nos deux escrocs !

La porte arrière du camion s'ouvrit. Un homme grand et mince balança un énorme sac dehors. Quelques portefeuilles et des jouets en tombèrent.

— Les cadeaux ! siffla Sabrina, folle de rage.

— Une preuve contre eux, renchérit Salem.

Suivi de son complice, plus petit et plus gros, l'individu sauta sur le trottoir.

— J'appelle la police ! avertit la jeune sorcière.

Elle claqua des doigts et composa un numéro sur le portable qu'elle tenait à la main.

— Non, Sabrina ! Attends ! J'ai une meilleure idée !

— Tu vas les poursuivre ? Te jeter sur eux et les arrêter toi-même ? se moqua-t-elle.

Les moustaches de Salem se redressèrent sous la remarque narquoise. Il n'était pas content ! Il était même vexé comme un pou.

— Eh bien, presque ! Je vais leur flanquer la frousse de leur vie !

21

Un plan signé Salem !

Avec un miaulement féroce, il fonça vers les voyous et fit ce que les chats noirs réussissent mieux que quiconque. Il se planta devant eux en les scrutant d'un air maléfique.

— Vincent ! murmura le plus petit. Un chat noir !

— Ouais, ouais, et alors, Martin ? grommela Vincent.

— Et alors ? ! Mais ils portent malheur ! gémit l'autre.

— Je te signale que c'est déjà fait. On n'a pas de veine puisqu'on vient de crever ! Oublie ce satané chat et aide-moi à changer la roue.

— Je ne sais pas si...

— Martin ! Viens ici immédiatement ! ordonna Vincent furieux.

— Vous feriez mieux d'obéir, glissa tranquillement Salem, mais en parlant assez bas pour que seul Martin l'entende.

Martin poussa un cri et agrippa le bras de son acolyte. À moitié fou de peur, il fixait Salem d'un air terrifié :

— VVVVVVinnnnncent ! Le chhhhhat ! Il vvvvvient de parrrrler !

Vincent roula des yeux furibonds et se dégagea :

— Imbécile ! Tu regardes trop de dessins animés ! Je te l'ai déjà dit cinquante fois au moins. Allez, ça suffit, maintenant. On va se faire prendre si on traîne trop ! Passe-moi la roue de secours !

Martin déglutit et s'activa sans oser regarder Salem. Sabrina siffla discrètement vers le chat. Dès qu'il fut à ses pieds, elle se baissa pour lui chuchoter une idée à l'oreille. Salem acquiesça aussitôt :

— Brillant, Sabrina, murmura-t-il.

Il se dirigea vers un bonhomme de neige qui brillait sous la lune. Le chat tourna autour de lui pendant que Sabrina, dissimulée non loin, prononçait une formule :

Quand trois tours s'achèvent pour un chat noir
Un bonhomme de neige prend vie dans le soir.

— Vincent ! hurla Martin.

— Qu'est-ce qu'il y a encore ?

Il ne répondit pas mais contempla fixement un petit être rondouillard qui arrivait droit sur eux. Son complice se demanda ce qui pouvait bien paralyser Martin ainsi. Il devint aussi blanc que la lune lorsqu'il le vit à son tour :

— Mon Dieu ! Un bonhomme de neige... vivant !

— Et maintenant, ordonna Sabrina à distance, quelques boules de neige !

Le bonhomme se pencha brusquement pour fabriquer des boules de neige. Au fur et à mesure qu'il s'approchait, il les lançait sur les deux voleurs.

— Je file ! Ce coin est maudit ! bafouilla Martin en détalant comme un lapin.

Vincent évita de justesse un projectile.

— Ça sent la super-embrouille ! Sauve qui peut ! cria-t-il.

Ils coururent jusqu'au bout de la rue sans demander leur reste.

Salem se roulait de rire par terre.

— Oh, que c'était drôle ! La tête qu'ils ont faite !

Il reprit son souffle avant de pousser un petit cri plaintif :

— Aïe !

— Salem ! Que se passe-t-il ?

— Mes pattes sont gelées ! Je vous en supplie, Père Noël, venez-moi en aide ! Je souffre le martyre !

— J'ai compris ! Mais n'en fais pas trop quand même ! Allez, viens dans mes bras. Je te porte jusqu'à la maison.

22

Enfin un vrai Noël pour Sabrina !

— Qu'est-ce que tu en penses ? demanda Salem, tout fier.

— Absolument merveilleux ! répondit Sabrina, le souffle coupé.

Ses tantes avaient totalement transformé la maison. Mais cette fois pas un rythme disco ne cassait les oreilles, ni une seule ampoule orange ou verte ne clignotait. À chaque rebord des nombreuses fenêtres de la maison brillaient trois belles bougies blanches. Le chemin conduisant à la porte d'entrée était illuminé de photophores. Des guirlandes vertes s'entrelaçaient sur la rampe d'escalier qui menait au porche, lui-même décoré d'un rideau de velours rouge.

Sabrina courut vers le perron. Elle tira la langue et, ô miracle, un flocon de neige se posa dessus. Son vœu s'était réalisé ! Il neigeait !

Elle se précipita dans le salon. Au bord de la cheminée où crépitait un bon feu, ses tantes avaient accroché la chaussette rouge à son initiale. Sa mère y glissait ses cadeaux lorsqu'elle était petite fille.

— Alors ? Qu'en dis-tu ? La décoration te plaît ? s'informa Hilda.

— C'est parfait ! Tout est parfait ! déclara Sabrina, enchantée.

— Ah ! Avant que j'oublie ! s'exclama Hilda. Voici un cadeau pour toi.

Elle lui tendit une boîte enveloppée de papier doré surmontée d'un énorme nœud rouge. On sonna alors à la porte.

— J'y vais ! annonça Sabrina.

Elle ouvrit et se trouva nez à nez avec Harvey.

Il se tenait sur le porche, des flocons de neige dans les cheveux. Elle eut l'impression qu'il dansait d'un pied sur l'autre tellement il semblait embarrassé.

« Toujours aussi timide... et surtout plus beau que jamais », constata la jeune fille.

— Euh... Bonsoir... Bonsoir, Sabrina.

— Salut.

Elle regarda de tous les côtés :

— Où est ton fan club ? Tu as le droit de sortir sans tes groupies ?

Harvey haussa les épaules en rougissant.

— Elles sont parties. Seule ma voix les intéressait, je veux dire la voix d'Elvis. Moi, elles s'en fichent.

— Dommage.

— Pas du tout. Tu sais bien que la foule me met mal à l'aise. Je préfère les tête-à-tête. Tu es la seule fan qui m'importe. Je me sens triste sans toi.

Sabrina se radoucit :

— Entre.

Mais il ne bougea pas. Elle vit qu'il cachait ses mains dans son dos. Il lui tendit brusquement un paquet mal ficelé.

— J'ai l'impression que tu l'as emballé toi-même, se moqua-t-elle gentiment.

— Gagné ! Tu as remarqué ce sac que j'ai trimballé toute la semaine ?

— Ça, tu peux le dire ! râla Sabrina en déchirant le papier cadeau.

C'étaient des gants. Mais ils étaient plutôt étranges. Faits main, quoi ! Et par Harvey, sans aucun doute !

— Je ne sais pas tricoter du tout. Ma mère m'a appris le minimum. Ils sont pour toi... sauf que je ne suis pas encore un expert, s'excusa-t-il.

Deux doigts d'un des gants étaient collés.

— En effet ! Tu n'es pas au point.

— Ah, non, ça, c'est voulu ! Je les ai rassemblés exprès. Parce que toi et moi, nous sommes ainsi, inséparables comme les deux doigts d'une main.

— Harvey ! Tu es merveilleux ! murmura Sabrina, très émue.

Elle s'aperçut soudain que, hormis la voix d'Elvis, elle ne lui avait rien offert. Elle plaça ses mains dans son dos et zappa une bouteille d'après-rasage.

« N'importe quoi ! s'énerva-t-elle. Vite, vite, Sabrina, trouve ! Ah, oui ! Je parie qu'il aime pêcher ! »

Elle zappa un nécessaire pour préparer soi-même ses appâts.

— Ça alors ! s'écria Harvey. Pile ce que je voulais.

Puis elle lui remit quelque chose que personne d'autre ne pouvait lui offrir. Une photo de tous les deux dans un joli cadre.

— Je ne me souviens pas qu'on nous ait pris en photo ! dit-il, un peu ahuri.

— Ce sont mes tantes, prétendit Sabrina. Je suppose qu'elles nous ont photographiés pendant que nous ne regardions pas.

Ils entrèrent dans la maison. Une fois dans le salon, Hilda et Zelda réquisitionnèrent Harvey.

— Tu tombes à pic, grand et beau jeune homme ! Viens nous aider à accrocher l'étoile sur le sapin.

— À vos ordres ! fit Harvey.

Affalée sur le canapé, Sabrina scruta le mystérieux cadeau remis par ses tantes avant qu'Harvey ne sonne.

— Qui l'a apporté ?

— Un très gentil monsieur. Un certain Kris, expliqua Zelda.

— Je ne connais aucun Kris ! affirma Sabrina, surprise.

— Il portait une belle barbe blanche !

Et des yeux, ô mon Dieu, bleus comme un ciel d'été ! s'enflamma Hilda. Il paraît qu'il t'a rencontrée au centre commercial.

— Ça y est ! J'y suis ! Le Père Noël !

— Je m'en souviens très bien, renchérit Harvey. Il faisait tellement vrai !

— Ce qu'il était sexy ! gémit Hilda en roulant des yeux. Surtout quand il riait. Je me demande quel âge il a !

— Ne te fais pas d'illusions. Il est sûrement trop jeune pour toi ! chuchota Zelda.

Sabrina déchira l'emballage. Pétrifiée, elle observa fixement l'objet qu'elle tenait entre ses mains.

23

Un Père Noël bien mystérieux !

Une boule de neige.

Mais pas n'importe laquelle.

La sienne. Celle que sa mère lui avait offerte. Avec la petite maison aux volets jaunes et les trois arbres bien verts.

Comment avait-il fait et surtout *pourquoi* ?

Elle trouva alors un petit mot dans l'emballage.

Chère Sabrina,

Merci pour ce merveilleux Noël. Tu es la meilleure assistante de Père Noël du monde. Grâce à toi, les enfants de Westbridge n'oublieront jamais cette soirée exceptionnelle. Je voulais, quant à moi, te remercier avec un cadeau spécial. Je sais que cette boule de neige t'appartient. Tu penses que je suis fou, n'est-ce pas ? Fais-moi confiance ! Suis mes instructions !

Ferme les yeux et agite la boule de neige trois fois, rapidement et sans la regarder.

Attends que la neige retombe sur la petite maison et ses arbres.

Alors regarde ce que tu vois.

Secoue-la une seconde fois puis regarde à nouveau ce que tu vois.

Répète ce geste autant de fois que tu le voudras.

Et n'oublie pas ! Regarde ce que tu vois.

Joyeux Noël.

Amitiés, Kris.

« Regarde ce que tu vois ? Ce Kris est complètement fêlé ! » songea Sabrina.

Cependant...

Elle ne put s'en empêcher.

Elle fit ce qu'il disait.

Lorsqu'elle ouvrit les yeux, elle faillit s'étrangler.

Dans la boule de neige, trois petits êtres s'animaient. En robe de chambre par un matin de Noël, son père, sa mère et elle-même ouvraient leurs cadeaux dans la maison aux volets jaunes.

Lorsqu'elle répéta l'opération, elle redécouvrit leur premier voyage à New York. Petit à petit, les plus belles images de ses Noëls défilaient devant elle. Parfois elle était avec sa mère. Parfois elle accompagnait seulement son père. Mais elle était toujours heureuse.

Puis la dernière image qu'elle vit la remplit de bonheur. Elle admira un Noël à venir ! Il avait lieu dans le futur puisqu'elle faisait plus que ses seize ans. Ses parents aussi avaient vieilli. Mais ils étaient réunis tous les trois. Un jour prochain – elle ne savait pas quand – ils se retrouvraient !

Sabrina serra la boule de neige contre son cœur.

« Ce Père Noël-là ferait un merveilleux magicien ! Et si en fin de compte, se demanda-t-elle, le Père Noël existait *vraiment* ? »

Elle entendit alors Harvey se plaindre et ses tantes s'esclaffer bruyamment. Le reportage de Hunter Chase passait à la télévision !

Sur les images, Harvey se déhanchait comme un beau diable.

— ... Au secours ! gémissait-il pendant que les sœurs Spellman riaient de bon cœur.

— Harvey ! Arrête de te cacher sous ce coussin ! Ta séquence Elvis est terminée ! Ils passent à autre chose ! fit Hilda.

— ... *Flash spécial !* intervint le journaliste. *Dénouement abracadabrant de l'affaire du vol des jouets destinés aux orphelins de Westbridge ! Les malfaiteurs se sont rendus d'eux-mêmes. Ils ont prétendu être poursuivis par un bonhomme de neige vivant qui leur lançait des projectiles. Il est plus vraisemblable que les deux voyous aient un peu trop bu pour fêter leur coup.*

Zelda éteignit le poste. Elle fronça les sourcils.

— Vous entendez ? Des gens chantent dehors, non ?

Ils se ruèrent dans le jardin. Jenny et les nombreux membres de sa famille, vêtus d'écharpes et de chapeaux, chantaient des cantiques de Noël en marchant bras dessus, bras dessous dans la rue. Jenny s'approcha à toute vitesse pour embrasser Sabrina :

— Ça va ? Tout s'est bien passé au centre

commercial ? Tu ne t'es pas trop ennuyée, j'espère.

— Pas une seconde ! s'esclaffa Sabrina. Et toi ?

— Super ! On a mangé comme quatre, alors on se balade pour digérer ! Les chants ne sont qu'un prétexte ! Joyeux Noël ! lui souhaita-t-elle en rejoignant sa famille.

Hilda et Zelda retournèrent au chaud dans la maison. Harvey retint Sabrina par le bras :

— La nuit est belle. On s'assied un instant sous le porche ?

— Mais il fait froid !

— Mets tes gants, suggéra Harvey.

Ils rirent lorsqu'elle enfila celui aux doigts collés. Puis le silence revint. Sabrina contempla la lune et le ciel étoilé.

— À quoi penses-tu, Harvey ?

— Je me demande bien pourquoi il ne neige que sur ta maison.

— Ah, oui ? Tu es sûr ? fit Sabrina, très nerveuse.

« Au secours ! Il faut vite que je change de sujet ! » s'affola la jeune sorcière.

— Au fait, tu vas continuer à chanter ?

— Certainement pas, grimaça le jeune homme. Je jouerai du basson. Ainsi, je ne serai plus sur le devant de la scène. Hé ! Tu as vu ça ? Décidément, quelle drôle de soirée !

Dans le ciel, un nuage était apparu. Il formait un traîneau tiré par des rennes et guidé par un petit personnage au ventre rebondi.

— Hallucinant ! Le Père Noël et son traîneau ! reprit Harvey, encore sous le choc.

Sabrina lui adressa un clin d'œil malicieux :

— Après tout, peut-être qu'il existe !

— Après tout, peut-être que tu as raison ! Raconte-moi ta soirée, tu veux bien ?

Sabrina rapporta en détail les moments passés avec les enfants de Westbridge. Elle garda le silence sur les sorts jetés à la va-vite et autres péripéties magiques.

— Je vais téléphoner à Mme Simmons après les vacances. Elle a peut-être besoin d'aide. J'aimerais beaucoup revoir les petits. Je pourrais être un peu leur grande sœur.

— Et si un grand frère se proposait aussi ? Ils en voudraient, tu crois ?

— Je parie que oui !

Harvey serra fort sa main dans la sienne. Et soudain, Sabrina se sentit bien. Plus d'apitoiement, ni de blues, et encore moins d'humeur grincheuse !

— Merci, Harvey ! chuchota-t-elle.

— Pour quoi ?

— Pour ce Noël presque parfait !

Tu as aimé
Un Noël presque parfait

Retrouve vite Sabrina
avec cet extrait de :

Une rentrée pas ordinaire

[...]

— Salut, me voilà ! lança Sabrina en entrant dans la cuisine.

Personne ne répondit.

— Où êtes-vous passées ? Coucou ! Je suis rentrée !

Ses tantes avaient pourtant promis d'être là pour l'accueillir à son retour du lycée. Étonnée, Sabrina poussa la porte de la salle à manger.

Comme les autres pièces de la maison, celle-ci était haute de plafond et éclairée par de grandes fenêtres. Tous les vases débordaient de fleurs. Sur la table trônait un gâteau glacé où était inscrit « Joyeux Anniversaire, Sabrina ».

— Surprise ! crièrent Hilda et Zelda en sortant de leur cachette.

— Oh ! une petite fête, comme c'est gentil ! s'exclama Sabrina.

Juché sur un tabouret, un bol de lait devant lui, le chat Salem arborait un chapeau pointu.

Ses tantes avaient joliment dressé la table et mis leurs plus belles robes. Zelda prit un livre sur le buffet et le plaça sur un lutrin.

— Le cadeau de ton père, annonça-t-elle.

Sabrina s'approcha d'un album très épais dont la couverture en cuir était ornée d'éclats de pierres précieuses. Un signet de satin rouge dépassait de la tranche.

« Bof, un livre, un chaudron... J'aurais préféré des vêtements ! » se dit Sabrina, déçue.

Pour masquer son désappointement, elle se pencha sur l'ouvrage. Le titre, *À la découverte de la magie*, était gravé en lettres enluminées. Elle feuilleta le gros volume. Le papier, épais comme du parchemin, comportait d'étranges illustrations : des schémas du corps humain relié, point par point, aux différentes planètes ; des planches botaniques assorties de formules incompréhensibles...

À droite de la page marquée par le signet, Sabrina découvrit le portrait d'un magicien coiffé d'un haut-de-forme démodé. La légende signalait sobrement : Edward.

Le cœur de Sabrina fit un bond. « Il ressemble à Papa ! Tout s'explique ! »

À cet instant, le parchemin se brouilla, se métamorphosant en une sorte de vitre derrière laquelle se tenait un personnage vivant. Il leva même des yeux malicieux vers Sabrina.

— Surprise, c'est Papa ! déclara-t-il. Joyeux anniversaire, ma chérie !

Sabrina éclata de rire.

— Ça alors ! fit-elle à ses tantes. Dans quelle boutique high-tech avez-vous déniché ce cadeau inouï ? Il sait dire autre chose ?

— Je ne suis pas un hologramme, mon cœur, corrigea Edward Spellman depuis la page du livre. Je me trouve simplement dans un royaume différent.

— Un royaume différent ? Je te croyais à Toronto.

La voix d'Edward Spellman enfla :

— Zelda, Hilda, vous aviez juré de révéler à Sabrina qu'elle est une sorcière !

— Elle ne nous a pas crues, se défendit Zelda.

— On aurait sans doute été plus crédibles avec nos chapeaux pointus, s'esclaffa Hilda.

— Sauf que j'ai perdu le mien, avoua Zelda, piteuse.

— Stop ! intervint Sabrina en refermant le livre. Vous avez voulu me faire une jolie farce mais, maintenant, on arrête.

— Non, rugit Hilda, ça ne fait que commencer, car tu *es* sorcière.

— Avec de réels pouvoirs magiques, claironna Zelda. Puisque tu as seize ans, tu peux désormais les utiliser. C'est le plus fabuleux cadeau dont on puisse rêver, non ?

Sabrina ne voulait rien entendre :

— Vous essayez de me persuader que je ne suis pas la personne que je crois être ?

Vous ne seriez pas des tantes ordinaires ? Et mon père vivrait dans un livre ?

— Enfin, elle a tout compris !

Sabrina leva les bras au ciel :

— C'est de la folie ! Je monte dans ma chambre. Salem, viens !

Elle gagnait la porte quand elle entendit la réponse du chat :

— Aurais-tu l'amabilité d'attendre que j'aie fini de boire mon lait ?

Abasourdie, elle fit volte-face, dévisagea Salem puis ses tantes :

— J'ai rêvé ou le chat vient de parler ?

— C'est bien moi, répliqua Salem. Et j'aimerais assez que tu ôtes ce chapeau stupide de ma tête.

— Oh, mon Dieu ! glapit Sabrina en se ruant dans l'escalier.

Zelda se tourna vers sa sœur :

— Il vaut mieux laisser son père s'en occuper. N'est-ce pas, Edward ? fit-elle en s'adressant au parchemin.

Le gros livre flotta dans l'espace puis décolla vers le premier étage.

Sabrina

l'apprentie sorcière

1. **Une rentrée pas ordinaire**
2. **Une rivale inattendue**
3. **Un Noël presque parfait**

Tu aimes rêver et palpiter,
alors découvre vite la collection

Toi+Moi=♡

La grande histoire de Léa :

1. Le cœur en bataille
2. Je t'aime, je te hais
3. Sauve qui peut l'amour
Marie-Francine Hébert

4. Rendez-vous sur la Côte d'Amour
Michel Amelin

5. Les carnets de Lily B.
Véronique M. Le Normand

6. Félix Delaunay et moi
Shaïne Cassim

7. Le garçon d'à côté
Michel Amelin

8. Avis de tempête
Marie-Sophie Vermot

Et si tu danses,
si tu as dansé,
si tu rêves de danser,
découvre vite la série

Danse!

écrite par
Anne-Marie Pol

1. ***Nina, graine d'étoile***
2. ***À moi de choisir***
3. ***Embrouilles en coulisses***
4. ***Sur un air de hip-hop***
5. ***Le garçon venu d'ailleurs***
6. ***Pleins feux sur Nina***
7. ***Une Rose pour Mo***
8. ***Coups de bec***
9. ***Avec le vent***
10. ***Une étoile pour Nina***

Cet ouvrage a été composé par
PCA - 44400 REZE

Imprimé en France sur Presse Offset par

BRODARD & TAUPIN

GROUPE CPI

La Flèche (Sarthe), le 20-09-2000
N° impression : 4154

Dépôt légal : octobre 2000

POCKET jeunesse

12, avenue d'Italie • 75627 PARIS Cedex 13

Tél. : 01.44.16.05.00